Les cahiers d'**exercices** ASSiMiL®

Espagnol

Intermédiaire

Juan Córdoba

À propos de ce cahier

Ce cahier, de niveau « intermédiaire », approfondit point par point les fondamentaux de la langue espagnole abordés dans le volume 1 (« faux-débutants »). Il propose un balayage grammatical systématique et progressif : des règles de base de l'orthographe aux usages idiomatiques plus subtils, en passant par la maîtrise des conjugaisons et de la syntaxe.

Une fois les bases acquises, on bute souvent sur des difficultés particulières. Nous avons donc souhaité mettre l'accent sur ces pièges récurrents de l'espagnol : c'est l'objectif des chapitres **Quelques clés de l'espagnol**.

La langue, c'est aussi bien sûr des mots pour nommer les choses, des expressions imagées pour réagir et converser, des formules pour écrire une lettre ou parler du temps : les chapitres **Lexique et lecture** vous permettront d'enrichir vos capacités d'expression de façon ludique et pratique.

Enfin, ce cahier vous permet d'effectuer votre autoévaluation : après chaque exercice, dessinez l'expression de vos icônes (🙂 pour une majorité de bonnes réponses, 😐 pour environ la moitié et 🙁 pour moins de la moitié). À la fin de chaque chapitre, reportez le nombre d'icônes relatives à tous ces exercices et, en fin d'ouvrage, faites les comptes en reportant les icônes des fins de chapitres dans le tableau général prévu à cet effet !

Sommaire

1

Les signes et les sons

Les fautes de « fragnol »

- En espagnol, l'orthographe correspond presque toujours à la prononciation : une lettre pour un son, un son pour une lettre. Les fautes des écoliers, outre-Pyrénées, concernent précisément les cas où il y a une différence ou une confusion possible : avec le **h** muet (**echo** du verbe **echar** et **hecho** de **hacer**), entre le **b** et le **v** (**vasto** / **basto**), entre le **ll** et le **y** (**calló** / **cayó**). Une faute classique consiste par exemple à écrire **haber** *(avoir)*, au lieu de **a ver** *(voyons)*. Cela semble curieux, non ?

- En effet, pour les Français, le problème est différent : il vient souvent de l'influence de leur propre orthographe. Chassons donc déjà deux grands types de fautes :
  - il n'y a que quatre consonnes qui peuvent être doublées en espagnol, **c**, **r**, **l** et **n** (celles du prénom « Caroline ») : **accidente, perro, llamar, innumerable**. Le groupe français imm- s'écrit inm- : **inmediato** *(immédiat)*.
  - les graphies françaises héritées du grec (th, ch, ph) sont adaptées à la phonétique espagnole : **teatro** *(théâtre)* ; **orquesta** *(orchestre)* ; **filosofía** *(philosophie)*. La voyelle **y** se transcrit par un **i** : **cínico** *(cynique)*.

1 Comment écrit-on... ? Cochez la bonne orthographe.

a. immigrant
- ▢ immigrante
- ▢ inmigrante
- ▢ imigrante

b. immobilier
- ▢ imobiliario
- ▢ inmobiliario
- ▢ immobiliario

c. attraper
- ▢ atrapar
- ▢ attrapar
- ▢ atrappar

d. assassin
- ▢ assassino
- ▢ assessino
- ▢ asesino

e. efficace
- ▢ efficaz
- ▢ eficaz
- ▢ eficcaz

f. attentif
- ▢ attentivo
- ▢ attento
- ▢ atento

g. immortel
- ▢ imortal
- ▢ inmortal
- ▢ immortal

h. occuper
- ▢ occupar
- ▢ ocupar
- ▢ ocuppar

2 **Complétez la traduction des mots français suivants en ayant bien à l'esprit les graphies espagnoles.**

a. chaos ...aos
b. écho e...o
c. chronique ...rónico
d. orchidée or...ídea
e. thérapie ...erapia
f. catholique ca...ólico
g. gymnase g...mnasio
h. synthèse s...n...esis
i. photographe ...otógra...o
j. physique ...sico

Prononciation et orthographe : les lettres G et C

- Puisque la prononciation « commande », certains mots vont parfois subir des modifications. Un exemple : si l'on ajoute le diminutif **-ito** au mot **amigo** *(ami)*, il va falloir l'orthographier **amiguito**, faute de quoi on le prononcerait comme une **jota**.

Prononciation	Orthographe espagnole
son G de guitare, en français	**ga gue gui go gu**
son K de café, en français	**ca que qui co cu**

- **Gua** et **guo** se prononceront [goua] et [gouo], mais attention à ne pas faire entendre le **u** dans les groupes **gue** et **gui** : [miguel], et non [migouel]. Pour que le **u** apparaisse ici à la prononciation, il doit être surmonté d'un tréma : **vergüenza** [bergouénza] *(honte)*.

3 **Associez les éléments des trois colonnes afin de reconstituer cinq mots. Écrivez-les et indiquez si on doit entendre le *u* ou non.**

					U prononcé	U non prononcé
a.	portu	güe	smo	....	☐	☐
b.	anti	gua	sa	....	☐	☐
c.	i	güi	dad	....	☐	☐
d.	bilin	gui	ldad	....	☐	☐
e.	á	gue	la	....	☐	☐

4 Complétez ces conjugaisons des verbes *elegir* (choisir) et *seguir* (suivre).

Indicatif présent	Subjonctif présent
eli...... o	eli...... a
eli...... es	eli...... as
eli...... e	eli...... a
ele...... imos	eli...... amos
ele...... ís	eli...... áis
eli...... en	eli...... an

Indicatif présent	Subjonctif présent
si...... o	si...... a
si...... es	si...... as
si...... e	si...... a
se...... mos	si...... amos
se...... ís	si...... áis
si...... en	si...... an

5 Formez le diminutif en *-ito* ou *-ita* de ces animaux.

vaca **borrego** **perico** **hormiga**

a. .... b. .... c. .... d. ....

L'accent tonique : rappels

- L'accent tonique est sur l'avant-dernière syllabe pour les mots terminés par une voyelle, un **n** ou un **s** : **España**, **Carmen**, **Estados Unidos**.
- L'accent tonique est sur la dernière syllabe pour les mots terminés par une consonne autre que **n** ou **s** : **Portugal**, **arroz**, **Benidorm**.
- Si cette accentuation est régulière, l'accent n'est pas écrit ; celui-ci (toujours aigu) n'apparaît que pour :

– indiquer les mots qui n'obéissent pas à cette règle : **Canadá**, **París**, **dólar**, **Cádiz**.

– indiquer les mots accentués sur l'avant-avant dernière syllabe : **México**, **Atlántico**.

6 Les mots suivants ayant une accentuation régulière, l'accent tonique n'est pas écrit. Cochez la case correspondant à la syllabe tonique.

a. examen ☐☐☐	**e.** Vietnam ☐☐	**i.** volumen ☐☐☐
b. feliz ☐☐	**f.** apocalipsis ☐☐☐☐☐	**j.** mayonesa ☐☐☐☐
c. lunes ☐☐	**g.** calamar ☐☐☐	**k.** taxi ☐☐
d. Madrid ☐☐	**h.** caracol ☐☐☐	**l.** flamenco ☐☐☐

7 À l'inverse, les mots suivants sont tous irréguliers. Réécrivez les mots en reportant l'accent sur la voyelle concernée.

a. Tunez → ……………………… **e.** Paris → ………………………

b. Peru → ……………………… **f.** coctel → ………………………

c. Pekin → ……………………… **g.** chofer → ………………………

d. Haiti → ……………………… **h.** torax → ………………………

L'accent écrit sur les homonymes

- L'accent écrit sert aussi à distinguer les homonymes, même si la Real Academia a récemment réduit la liste des mots concernés. Jusqu'à une époque récente (et vous le verrez sans doute encore dans de nombreux textes), il fallait distinguer **sólo** *(seulement)* de **solo** *(seul)* et **éste** *(celui-ci)* de **este hombre** *(cet homme)*. Ce n'est désormais plus obligatoire.
- L'accent est cependant toujours requis pour distinguer les homonymes ci-dessous :

mi *(mon)* / **mí** *(à moi)*	**si** *(si)* / **sí** *(oui)*
tu *(ton)* / **tú** *(tu, toi)*	**te** *(te)* / **té** *(thé)*
el *(le)* / **él** *(il, lui)*	**se** *(se)* / **sé** *(je sais* ou *sois)*

8 Complétez la traduction de ces phrases en utilisant les homonymes signalés dans la leçon ci-dessus.

a. Aimes-tu le thé ? → ¿……………… gusta ………………?

b. Oui, moi j'aime, mais lui, il n'aime pas. → …, a … me gusta, pero a … no le gusta.

c. Je ne sais pas si mon ami l'aime. → A ………… amigo no ………… le gusta.

d. Tu mets du sucre dans ton café, toi ? → ¿……… le pones azúcar a ……… café?

L'alphabet dans les proverbes

Les lettres de l'alphabet, leur forme ou leur son constituent une grande source d'inspiration pour la langue populaire : songeons, en français, au « b.a.-ba », au « système D », ou à l'expression « mettre les points sur les i ». L'espagnol, très friand de dictons et de phrases toutes faites, est dans ce domaine particulièrement riche. Aux limites de l'argot, on a par exemple **rellenar la uve**, *remplir le V*, qui signifie « *filer une cigarette* » (le V représentant les deux doigts du fumeur en manque).

9 **Écrivez dans chaque bulle l'expression qui convient.**

expediente equis — ni jota — erre que erre — el día de — por hache o por be — de pe a pa

a. Esto es chino: no entiendo ....

b. ¡Qué caso más raro, es un auténtico ....!

c. Lo he repasado todo ....

d. ¡Qué pesado! ¡................................ con la misma historia!

e. ...., el caso es que nunca hace el trabajo.

f. Vamos a hacerlo ahora: es ....

Bravo, vous êtes venu à bout du chapitre 1 ! Il est maintenant temps de comptabiliser les icônes et de reporter le résultat en page 128 pour l'évaluation finale.

2

Articles, noms, adjectifs et numéraux

Les articles : masculin, féminin et neutre

- Les articles au masculin (**el** / **los**) et au féminin (**la** / **las**) ne présentent guère de difficulté morphologique, si ce n'est la contraction au masculin singulier après **a** (**a** + **el** = **al**) et **de** (**de** + **el** = **del**). Mais il existe également un article neutre, inconnu en français : **lo.**
- On l'emploie devant un adjectif ou un participe passé, auquel il donne une valeur nominale :

– **lo importante,** *ce qu'il y a d'important*

– **lo interesante,** *ce qu'il y a d'intéressant*

– **lo hecho,** *ce qui a été fait*

- Attention donc à ne pas confondre **el bueno de la película**, *le gentil du film* (**el** renvoyant à une personne) et **lo bueno de la película**, *ce qu'il y a de bien dans le film* (**lo** renvoyant à quelque chose d'immatériel).
- Retenez également l'emploi de l'article avec une valeur de démonstratif :

– **el (la) que está hablando**, *celui (celle) qui parle*

– **lo que digo**, *ce que je dis*

1 Proverbes, phrases célèbres, expressions : complétez-les avec l'article adapté.

a. Il fait son intéressant. → Se hace .... interesante.

b. Chose promise, chose due. → .... prometido es deuda.

c. Mélanger l'utile à l'agréable. → Mezclar .... útil a .... agradable.

d. Ça m'est égal. → Me da .... mismo.

e. Ce qui est bien, si c'est bref, est deux fois mieux. → .... bueno, si breve, dos veces bueno.

f. Celle de gauche, c'est ma sœur. → .... de la izquierda es mi hermana.

g. Aime et fais ce que tu voudras. → Ama y haz .... que quieras.

h. Qui aime bien, châtie bien. → .... que bien te quiere te hará llorar.

L'article « el » devant les noms féminins

- Pour éviter la rencontre de deux **a** (~~la~~ **agua**), certains mots féminins prennent l'article masculin **el** : **el agua**, *l'eau*. Ce changement ne se fait qu'au singulier : **el agua**, mais **las aguas** (il n'y a donc plus alors de « choc de voyelles »).
- Attention :
  - le **h** étant muet, la règle s'applique aussi aux mots commençant par **ha** : **el hada**, *la fée*.
  - il faut que le **a** initial du mot soit tonique : on dira ainsi **la amiga** (on considère qu'il n'y a pas de rencontre des **a** puisque l'accent est sur la syllabe **mi** : **amiga**).

2 **Voici 12 mots féminins : reportez-les face à leur traduction, précédés de l'article défini qui convient.**

alma — harina — haba — aula — ave — área

acera — habichuela — águila — hamaca — anchoa — hambre

a. ………………, le trottoir
b. ………………, l'anchois
c. ………………, l'aire
d. ………, la salle de classe
e. ………………, la faim
f. ………………, la fève
g. ………………, le haricot
h. ………………, la farine
i. ………………, le hamac
j. ………………, l'aigle
k. ………………, l'âme
l. ………………, l'oiseau

Pays, fleuves, montagnes : quel article ?

- Les noms de pays ne prennent pas d'article défini comme en français : **Francia**, *la France*. Il peut exister des exceptions (**los Estados Unidos**, **la República Dominicana**, **el Perú**, etc.), mais cet usage lui-même est fluctuant et l'article tend à s'effacer partout.
- Les noms de mers, de fleuves et de montagnes sont masculins :
  - **el Mediterráneo**, *la Méditerranée*
  - **el Loira**, *la Loire*
  - **los Andes**, *les Andes*

3 Placez la bonne terminaison à la fin de chaque mot pour former neuf noms de pays, de montagnes et de fleuves. Attention, pensez à écrire les bons articles devant les mots des deux derniers groupes.

zonas terra NEOS rona pes

ZA quivir cia dano

a. Ingla ....
b. Sue ....
c. Sui ....
d. ..... Ró ....
e. ..... Guadal ....
f. ..... Ama ....
g. ..... Al ....
h. ..... Piri ....
i. ..... Ga ....

La terminaison des noms et des adjectifs

- Il existe une quarantaine de suffixes permettant de former des adjectifs, et une soixantaine en ce qui concerne les substantifs : autant dire que seules les pratiques orale, écrite et de lecture pourront vous permettre de les mémoriser peu à peu.
- Il y a souvent des parallélismes qui guident entre français et espagnol, mais inversement, certaines terminaisons sont une source chronique d'erreurs. Par exemple :
  - les mots en **-or**, sont masculins en espagnol : **el color** *(la couleur)* ; **el dolor** *(la douleur)*, etc. Il y a quatre exceptions : **la flor** *(la fleur)* ; **la coliflor** *(le chou-fleur)* ; **la labor** *(l'ouvrage)*, et **la sor** *(la sœur)* (au sens religieux).
  - les mots en **-e**, sont très souvent masculins : **el tomate** *(la tomate)* ; **el coche**, *(la voiture)*, etc. Il y a toutefois des exceptions courantes : **la gente** *(les gens)* ; **la sangre** *(le sang)* ; **la nieve** *(la neige)*, etc.

4 Écrivez l'article défini devant chaque nom et accordez l'adjectif.

a. ..... tomates madur ....
b. .... coches car ....
c. .... calor human ....
d. .... sangre roj ....
e. .... leche fresc ....
f. .... aceite sabros ....
g. .... gente ruidos ....
h. .... sabor amarg ....
i. .... flores bonit ....

5 **Les adjectifs de nationalité ont souvent des terminaisons imprévisibles. Cochez les bonnes cases pour reconstituer ceux de ces pays latino-américains.**

Radicales	Terminaciones						
	-ano(a)	-eño(a)	-ense	-ayo(a)	-eno(a)	-teco(a)	-ino(a)
guatemal...							
panam...							
argent...							
urugu...							
chil...							
peru...							
nicaragü...							

L'omission du possessif

- Systématiquement utiliser le possessif vous expose au gallicisme, car l'espagnol a souvent tendance à l'escamoter. Il peut tout d'abord simplement recourir, à sa place, à l'article défini :
  - **No tengo el pasaporte**, *Je n'ai pas mon passeport.*
  - **Pierdo el tiempo**, *Je perds mon temps.*
- La possession s'exprime aussi par le verbe pronominal et l'article, comme « je me lave les mains », au lieu de « je lave mes mains ». Cette tournure est très courante :
  - **Me pongo la camisa**, *Je mets ma chemise.*
  - **Se gana la vida**, *Il gagne sa vie.*

6 **Traduisez les phrases suivantes en essayant de rendre la possession de manière idiomatique (les mots utiles sont indiqués entre parenthèses).**

a. Je prends mon café et je m'en vais (**tomar** / **irse**) :

....

b. Écoute ce que te dit ton cœur (**escuchar** / **corazón**) :

....

c. Je joue ma vie (**jugar** / **vida**) :

....

d. Tu prends ton parapluie ? (**coger** / **paraguas**) :

....

....

Une tournure très espagnole

- Si vous voulez traduire littéralement *j'ai cassé ma montre*, vous pourrez bien sûr dire **he roto mi reloj**. Ce sera correct pour la grammaire, mais on comprendra que vous l'avez cassée volontairement, ce qui n'est sans doute pas ce que vous vouliez dire.
- Ce type de phrases, où il est question d'une réalité personnelle (partie du corps, objet ou être proche) qui subit une transformation involontaire (perte, dommage, mouvement, etc.) se rend, en espagnol, par un verbe réfléchi : **se** + pronom personnel indirect + verbe à la 3e personne + sujet.

– **Se me ha estropeado la radio**, *Ma radio est tombée en panne.*

– **Se le han perdido las llaves**, *Il a perdu ses clés.*

7 **Traduisez ces phrases en utilisant les éléments ci-dessous :**

pelo · ha olvidado · ha parado · móvil · ojos · ha ensuciado · corazón · cierran · perro · ha muerto · parte · reloj · camisa · ha caído

a. Il a perdu ses cheveux. → ....

b. Tu as oublié ton portable. → ....

c. J'ai sali ma chemise. → ....

d. Mes yeux se ferment. → ....

e. Leur chien est mort. → ....

f. Mon cœur se brise. → ....

g. Ta montre s'est arrêtée. → ....

Les ordinaux

1°: primero	6°: sexto	11°: undécimo
2°: segundo	7°: séptimo	12°: duodécimo
3°: tercero	8°: octavo	13°: decimotercero
4°: cuarto	9°: noveno	14°: decimocuarto
5°: quinto	10°: décimo	15°: decimoquinto

- Les nombres étant infinis, les ordinaux le sont tout autant. Plus on avance dans la liste, cependant, plus ils prennent des noms insolites qui font sourire les Espagnols eux-mêmes : savoir que *900ᵉ* se dit **noningentésimo** est une colle pour jeux télévisés. L'usage fait donc que l'on utilise couramment que les dix premiers, et le cardinal placé après pour la suite.

  – **el sexto sentido**, *le sixième sens.*
  – **el siglo veintiuno**, *le vingt-et-unième siècle.*

- Pour les rois et les papes, on utilise les ordinaux jusqu'à dix et les cardinaux ensuite :

  – **Felipe sexto**, *Philippe VI*
  – **Juan Pablo segundo**, *Jean-Paul II*
  – **Luis catorce**, *Louis XIV*
  – **Benedicto dieciséis**, *Benoît XVI*

- **Primero** et **tercero** perdent le **o** final devant un nom masculin singulier :

  – **el tercer hombre**, *le troisième homme*
  – **el primer beso**, *le premier baiser*

8 Cochez la bonne suite pour chaque phrase.

a. En 1807, Beethoven compuso…
- ☐ la quinta sinfonía.
- ☐ la sinfonía cinco.
- ☐ la cinco sinfonía.

b. El abuelo de Felipe VI era…
- ☐ Alfonso decimotercero.
- ☐ Alfonso trece.
- ☐ Alfonso decimotercer.

c. Me acuerdo muy bien de mi…
- ☐ bicicleta primera.
- ☐ primera bicicleta.
- ☐ primer bicicleta.

d. Cervantes escribió Don Quijote en…
- ☐ el diecisiete siglo.
- ☐ el siglo decimoséptimo.
- ☐ el siglo diecisiete.

e. El padre de Felipe VI se llama…
- ☐ Juan Carlos primero.
- ☐ Juan Carlos uno.
- ☐ Juan Carlos primer.

f. Ha saltado dos metros al…
- ☐ tercero intento.
- ☐ tercer intento.
- ☐ intento tres.

Bravo, vous êtes venu à bout du chapitre 2 ! Il est maintenant temps de comptabiliser les icônes et de reporter le résultat en page 128 pour l'évaluation finale.

Quelques clés de l'espagnol 1

Du latin à l'espagnol : vrais et faux-amis

- S'il faut bien sûr se méfier des faux-amis, qui sont d'ailleurs fort nombreux, on peut aussi tirer parti de la parenté des langues latines pour deviner le sens d'un mot inconnu. Quelques informations sur l'évolution comparée de l'espagnol et du français pourront vous être utiles :
  - en espagnol, le **o** tonique est souvent devenu **ue** : *porta* (latin) ; *porte* (français) ; **puerta** (espagnol). Le **e** tonique, lui, s'est transformé en **ie** : *terra* (latin) ; *terre* (français) ; **tierra** (espagnol).
  - le **f** initial latin a en général été remplacé par un **h** : *facere* (latin) ; *faire* (français) ; **hacer** (espagnol).
  - les groupes **pl**, **cl** et **fl** ont souvent pris la forme **ll** : *plenus* (latin) ; *plein* (français) ; **lleno** (espagnol).

1 **En vous aidant des règles indiquées dans la leçon, remettez les lettres dans l'ordre afin de retrouver la traduction des mots donnés.**

a. fer → .... pluie → .... fumée → .... figue → ....

b. flamme → .... farine → .... plaine → .... fil → ....

c. fuir → .... pleurer → .... clé → .... fourmi → ....

2 **Voici un petit tableau pour vous aider à mettre au pas les faux-amis. Recopiez dans les bonnes cases les mots donnés ci-dessous !**

constipé carta código ceinture s'occuper de COUTUME disgustar concurrence constipado codo expresar foule postal DÉGOÛTER esperar taille PRESSER traje

	Le mot espagnol...	signifie...	et non pas...	qui se dit...
a.	atender		attendre	
b.		lettre	carte postale	
c.	cintura			cinturón
d.		coude	code	
e.	concurrencia			competencia
f.		enrhumé		estreñido
g.	costumbre		costume	
h.		contrarier		dar asco
i.	exprimir		exprimer	

Un verbe à double sens : « demander »

- Demander de l'aide ou demander l'heure, ce n'est pas pareil. Dans le premier cas, vous souhaitez que l'on <u>exécute</u> un acte pour vous ou que l'on vous <u>donne</u> quelque chose ; dans le second, que l'on vous <u>dise</u> quelque chose. L'espagnol dispose pour cela de deux verbes : **pedir** et **preguntar**.

– **Te pido ayuda**. *Je te demande de l'aide.* (Vous attendez un acte).

– **¿Le puedo preguntar qué edad tiene?** *Je peux vous demander quel âge vous avez ?* (Vous attendez une information).

3 **Les deux verbes au centre signifient tous les deux « Demande-lui... ». Formez des phrases en les reliant aux énoncés qui conviennent.**

... cien euros.

... qué quieren comer.

... las llaves del coche.

... si te quiere prestar cien euros.

Pregúntale...

... lo que necesites: tiene mucho dinero.

Pídele...

... cuántos hijos tiene.

... qué hora es.

... que te acompañe.

Un verbe à triple sens : « apprendre »

- L'espagnol distingue le fait d'apprendre au sens d'« enseigner » (**enseñar**) et le fait d'apprendre au sens de « recevoir un enseignement ou des connaissances » (**aprender**) :
  - **El alumno no aprende la lección**, *L'élève n'apprend pas la leçon.*
  - **Enséñame a hablar español**, *Apprends-moi à parler espagnol.*
- Mais apprendre peut aussi signifier « recevoir une information » ; on utilise alors le verbe **enterarse (de)** :
  - **Me he enterado del resultado por la prensa**, *J'ai appris le résultat par la presse.*

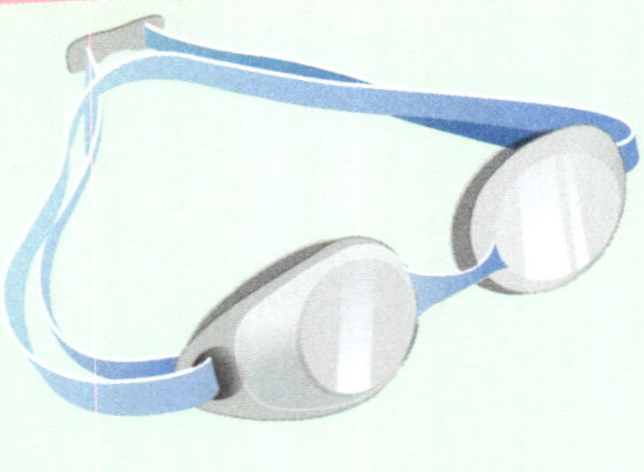

4 **Cochez la bonne traduction.**

a. Je ne sais pas qui lui a appris à nager.
☐ No sé quién le ha enseñado a nadar.
☐ No sé quién le ha enterado a nadar.

b. J'ai honte, je ne veux pas que les gens l'apprennent.
☐ Me da vergüenza, no quiero que la gente se entere.
☐ Me da vergüenza, no quiero que la gente lo aprenda.

c. Ses parents n'ont pas encore appris l'accident.
☐ Sus padres aún no han aprendido el accidente.
☐ Sus padres aún no se han enterado del accidente.

d. Pour apprendre une langue, le mieux est de voyager.
☐ Para aprender un idioma, lo mejor es viajar.
☐ Para enterarse de un idioma, lo mejor es viajar.

5 Rayez les propositions fautives.

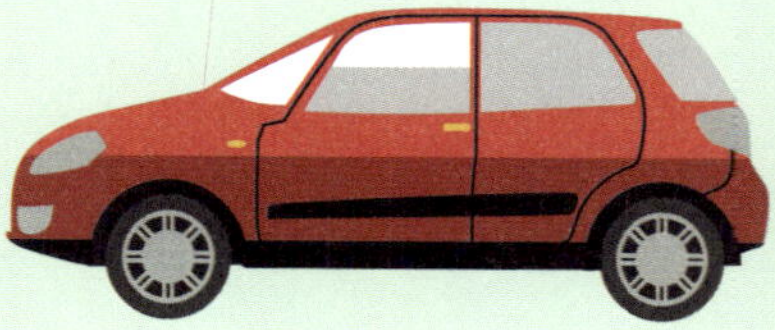

a. La escuela me ha **aprendido** / **enseñado** mucho.

b. Para mi profesión tengo que **aprender** / **enseñar** a conducir.

c. ¿Me vas a **aprender** / **enseñar** a conducir una moto?

d. La experiencia me ha **aprendido** / **enseñado** a ser prudente.

e. Los padres no te lo pueden **aprender** / **enseñar** todo.

f. Hay cosas que tienes que **aprender** / **enseñar** tú mismo.

Les verbes « ergatifs »

- Certains verbes, appelés « ergatifs » par les linguistes, peuvent être à la fois transitifs et intransitifs, comme par exemple, en français, le verbe « casser » (je casse la branche / la branche casse). Ces verbes sont rarement les mêmes d'une langue à l'autre : il faut donc être très attentif ! Les verbes ergatifs « sortir » et « brûler », par exemple, sont deux sources classiques d'erreurs quand on apprend l'espagnol :

– **Salgo de casa**, *Je sors de chez moi* (verbe **salir**, intransitif).

– **Saco la basura**, *Je sors la poubelle* (verbe **sacar**, transitif).

– **El bosque arde**, *La forêt brûle* (verbe **arder**, intransitif).

– **El fuego quema el bosque**, *Le feu brûle la forêt* (verbe **quemar**, transitif).

6 Complétez les bulles avec les verbes *salir* ou *sacar*, conjugués.

a. ¿Quién va a .... al perro?

b. ¿Quieres .... conmigo?

c. No está en casa: acaba de ....

d. ¡Genial: Julio Iglesias va a .... un nuevo disco!

e. ¿Por favor, cuándo a a .... el nuevo disco de Julio Iglesias?

7 Complétez la traduction de ces phrases.

a. Le bois sec brûle mieux.
➜ La leña seca .... mejor.

b. Je vais brûler toutes tes lettres.
➜ Voy a .... todas tus cartas.

c. Paris brûle-t-il ?
➜ ¿ .... París?

d. Le soleil brûle la peau.
➜ El sol .... la piel.

e. Attention, tu vas te brûler.
➜ Cuidado, te vas a ....

f. Je brûle de colère.
➜ .... de cólera.

Proverbes partout !

Don Quichotte, le livre le plus traduit au monde après la *Bible*, met en scène le couple improbable du chevalier lunatique et de l'écuyer terre à terre. Sancho Panza, incarnation de l'esprit populaire, y use abondamment de proverbes censés rappeler à son maître les vérités d'ici-bas. Comme lui, l'Espagnol a toujours un dicton aux lèvres.

8 Associez à chaque proverbe français son équivalent espagnol (vous devez inscrire dans l'ordre les lettres correspondant aux deux moitiés des phrases).

A. Al que madruga

B. no te quites el sayo

C. Hasta el cuarenta de mayo

D. que cien volando

E. Ojos que no ven

F. Dios le ayuda

G. Más vale pájaro en mano

H. corazón que no sient

a. En avril, ne te découvre pas d'un fil.
➜ .... + ...

b. Un tiens vaut mieux que deux tu l'auras.
➜ .... + ...

c. Le monde appartient à ceux qui se lèvent tôt.
➜ .... + ...

d. Loin des yeux, loin du cœur.
➜ .... + ...

Dieu dans les expressions

En Espagne, pays de tradition catholique, le lexique religieux hante littéralement la conversation quotidienne : que l'on soit croyant ou non, Dieu est omniprésent dans les expressions idiomatiques.

9 Trouvez le sens de ces expressions.

a. ¡Esto lo sabe todo Cristo!

☐ Seul le Christ sait tout ça !

☐ Tout le monde sait ça !

b. Aquí no hay ni Dios.

☐ Il n'y a pas un chat ici.

☐ Dieu m'a abandonné.

c. No sabe de la misa la mitad.

☐ Il n'y connaît rien.

☐ Il fait les choses à moitié.

d. Está hecho un Cristo.

☐ Il est en piteux état.

☐ Il est rayonnant.

e. Tiene el santo de cara.

☐ Il est verni.

☐ Il ne ferait pas de mal à une mouche.

f. ¡Vaya por Dios!

☐ Que Dieu vous accompagne !

☐ Nous voilà beaux !

g. Tengo el santo de espaldas.

☐ J'ai la poisse.

☐ Mon ange gardien me protège.

h. La procesión va por dentro.

☐ Les grandes douleurs sont muettes.

☐ Un malheur ne vient jamais seul.

Bravo, vous êtes venu à bout du chapitre Quelques clés de l'espagnol 1 ! Il est maintenant temps de comptabiliser les icônes et de reporter le résultat en page 128 pour l'évaluation finale.

3

Présent indicatif et présent subjonctif

La formation des deux présents : la terminaison

- Pour les conjugaisons régulières, le présent du subjonctif se forme en permutant la voyelle des terminaisons du présent de l'indicatif :
  – les verbes en **-ar** ont un subjonctif présent en **-e** :
  canto, **cantas**, **canta**… (indicatif) ➜ **cante**, **cantes**, **cante**… (subjonctif)
  – les verbes en **-er** et **-ir** ont un subjonctif présent en **-a** :
  como, **comes**, **come**… (indicatif) ➜ **coma**, **comas**, **coma**… (subjonctif)
  vivo, **vives**, **vive**… (indicatif) ➜ **viva**, **vivas**, **viva**… (subjonctif)

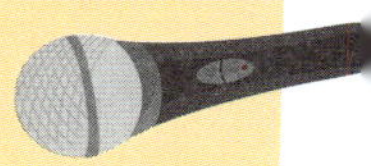

1 Voici une liste de verbes usuels : sont-ils conjugués à l'indicatif ou au subjonctif ?

	Indicatif	Subjonctif
viaje		
corra		
bebe		
trabaja		
abra		
vende		
sube		
saque		
pague		
lea		
recibe		
cubre		

La formation des deux présents : le radical

Le radical du subjonctif présent est le radical de la 1re personne du présent de l'indicatif. Attention : quand cette 1re personne est irrégulière, tout le subjonctif présent va l'être aussi. Ayez donc bien en tête les différentes irrégularités du présent.

	Indicatif	Subjonctif
En **-go**	**tengo, tienes…**	**tenga, tengas…**
En **-zco**	**conozco, conoces…**	**conozca, conozcas…**
En **-uir**	**huyo, huyes…**	**huya, huyas…**

2 Pour former la 1re personne du présent de l'indicatif, reportez dans les pétales les radicaux qui conviennent à la terminaison proposée dans le cœur de chaque fleur.

a.

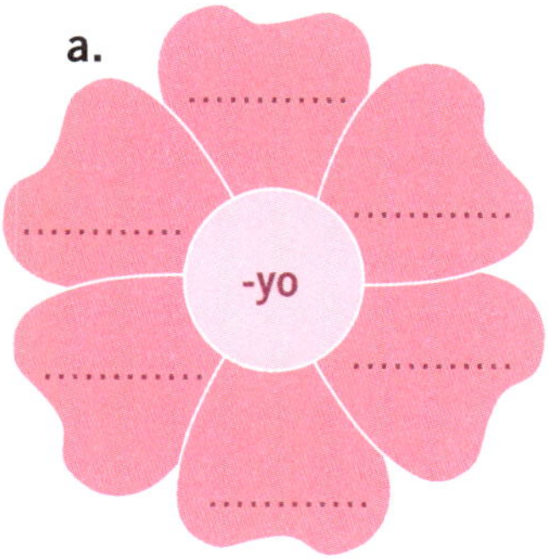

b.

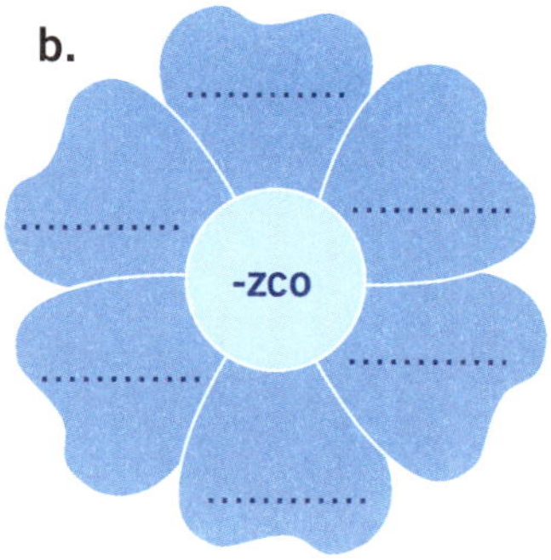

c.

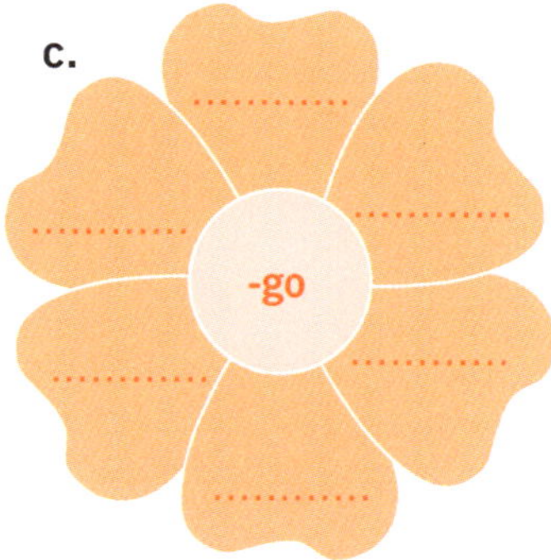

ha- obede- trai- introdu- distribu- pon- disminu- constitu- sal- exclu- constru- produ- pare- conclu- pertene- di- tradu- ven-

3 En utilisant les verbes proposés dans l'exercice précédent, transformez les phrases ci-dessous pour les formuler au subjonctif.

Modèle : Tu n'obéis pas. → Je veux que tu obéisses. (Attention, suivez la personne donnée : 2e du singulier ou 2e du pluriel.)

a. No obedeces. Quiero que ....

b. No sales. Quiero que ....

c. No venís. Quiero que ....

d. No hacéis nada. Quiero que .... algo.

e. No traéis pan. Quiero que .... pan.

f. No construyes museos. Quiero que .... museos.

g. No traduces novelas. Quiero que .... novelas.

h. No concluís. Quiero que ....

Verbes à diphtongue, à affaiblissement et à alternance

- Les deux autres grandes irrégularités du présent de l'indicatif concernent les verbes à diphtongue (modèles **poder** ou **pensar**) et les verbes à affaiblissement (modèle **pedir**). Ils forment leur subjonctif présent différemment :

  – **poder** et **pensar** diphtonguent aux mêmes personnes qu'à l'indicatif : **pueda**, **puedas**, **pueda**, **podamos**, **podáis**, **puedan**.

  – **pedir** suit la règle et prend le radical **pid-** à toutes les personnes : **pida**, **pidas**, **pida**, **pidamos**, **pidáis**, **pidan**.

- Une 3e catégorie de verbes (modèle **sentir**) est dite à alternance au subjonctif ; elle combine les deux irrégularités, la diphtongaison et l'affaiblissement :

  – **sienta**, **sientas**, **sienta**, **sintamos**, **sintáis**, **sientan**.

4 Complétez ces traductions en conjuguant le verbe.

a. Je m'amuse beaucoup avec les enfants. **[divertirse]**

.... mucho con los niños.

b. Ils ne veulent pas que nous leur mentions. **[mentir]**

No quieren que les ....

c. Combien mesure ton frère ? **[medir]**

¿Cuánto .... tu hermano?

5 Trouvez la bonne traduction. Barrez les propositions fautives.

a. Je ne veux pas que tu joues de l'argent.

No quiero que jugues / juegues / juegas dinero.

b. Pourquoi vous habillez-vous toujours comme ça ?

¿Por qué vistís / vistáis / vestís siempre así?

c. Je ne veux pas que tu te serves le premier.

No quiero que te sirvas / te sirves / te servas el primero.

6 **Quelques verbes orthographiquement proches peuvent donner lieu à des confusions : *crear* (créer) et *creer* (croire) ; *sentarse* (s'asseoir) et *sentirse* (se sentir). Conjuguez dans chaque phrase le verbe qui convient.**

a. Mi padre no quiere que .... en su silla.

b. Son muy amables conmigo, lo hacen todo para que .... bien.

c. Los niños españoles .... en los Reyes Magos.

d. Algunos artistas .... obras inolvidables.

e. Sois ateos: no .... en Dios.

f. Me parece curioso que vosotros no .... en nada.

Le subjonctif : emplois identiques à ceux du français

- L'indicatif est le mode du fait réel, et le subjonctif celui du fait non avéré. On emploie donc celui-ci :
  - après les verbes de souhait, de volonté : **Quiero que…**, **Deseo que…**
  - après les verbes d'opinion à la forme négative : **No creo que…**, **No pienso que…**
  - dans la subordonnée de but : **para que…**
  - lorsque la principale suppose une appréciation : **Me gusta que…**, **Me parece bien que…**, **Detesto que…**
  - pour exprimer le souhait, le regret : **Ojalá…**, **Lástima que…**

NB : vous allez rencontrer ici des verbes à irrégularités particulières : **estar**, **haber**, **ir**, **saber**, **ser**, **ver**.

7 **Reformulez les phrases ci-dessous à partir de l'amorce fournie.**

a. Hay mucha gente en la playa. No pienso que .... mucha gente en la playa.

b. Estáis muy cansados de trabajar. No creo que .... muy cansados de trabajar.

c. Eres antipática con la gente. Detesto que .... antipática con la gente.

d. Vas al cine con tus amigas. Me parece bien que .... al cine con tus amigas.

8 Complétez la traduction de ces phrases.

a. Dommage que mes amies soient loin d'ici.
→ Lástima que mis amigas .... lejos de aquí.

b. Pourvu que tu saches arriver jusqu'ici !
→ ¡Ojalá .... llegar hasta aquí.

c. J'espère que nous nous verrons bientôt !
→ ¡Ojalá .... pronto!

d. Dommage que nous n'allions pas en Espagne.
→ Lástima que no .... a España.

Le subjonctif : emplois spécifiques en espagnol

- L'hypothèse se rend souvent par **tal vez** ou **quizás** + subjonctif :
  – **Tal vez sea demasiado tarde,** *Il est peut-être trop tard.*
  – **Quizás vayamos a España este verano,** *Peut-être irons-nous en Espagne cet été.*
- Les tournures *dire de, demander de* + infinitif, qui expriment un ordre, se rendent en espagnol par **decir que** ou **pedir que** + subjonctif :
  – **Te pido que me ayudes,** *Je te demande de m'aider.*
  – **Le digo que se vaya,** *Je lui dis de s'en aller.*

9 Traduisez en espagnol.

a. Je te dis de venir.
→ ....

b. Il me demande d'être sympathique.
→ ....

c. Ils me demandent de traduire ce roman.
→ ....

d. Elle me dit de mettre mon chapeau.
→ ....

10 Traduisez en français.

a. Tal vez no sepa la respuesta.
→ ....

b. Quizás esté enferma.
→ ....

c. Quizás no lea sus mensajes.
→ ....

d. Tal vez no haya solución.
→ ....

Tournures orales et phrases au subjonctif

- Il existe dans la conversation courante un grand nombre de tournures orales au subjonctif. Elles sont chargées d'expressivité et s'utilisent aussi bien pour exprimer un souhait que pour faire une recommandation ou marquer l'impatience. Elles sont bâties sur la structure **que** + subjonctif présent :
  - **¡Que os divirtáis!**, *Amusez-vous bien !*
  - **¡Que descanses!**, *Repose-toi bien !*
  - **¡Que seáis prudentes!**, *Soyez prudents, hein !*
  - **¡Que te calles!**, *Mais tais-toi donc !*
- Et puis il y a toute une série de phrases, à placer dans telle ou telle circonstance, comme par exemple **¡Que te vaya bien!** (quand vous souhaitez bonne chance ou bonne continuation à quelqu'un).

11 Traduisez les phrases suivantes de façon idiomatique.

a. Mais va-t-en donc !
→ ....

b. Mais laissez-moi donc !
→ ....

c. Ne cours pas, hein !
→ ....

d. Achète le pain, hein !
→ ....

e. Dors bien !
→ ....

12 Recopiez les phrases proposées à côté de la situation dans laquelle vous les emploieriez.

Que cumplas muchos más.
Que te mejores.
Que en paz descanse.
Mal rayo te parta.
¡Que se besen!

a. À un anniversaire : ....
b. À un enterrement : ....
c. En parlant à un malade : ....
d. Aux mariés, lors d'un mariage : ....
....
e. Pour maudire : ....

Bravo, vous êtes venu à bout du chapitre 3 ! Il est maintenant temps de comptabiliser les icônes et de reporter le résultat en page 128 pour l'évaluation finale.

4

Le gérondif et les formes progressives

Le gérondif espagnol

- Le gérondif possède deux terminaisons : **-ando** (verbes en **-ar**) et **-iendo** (verbes en **-er** et **-ir**). Le radical est celui de l'infinitif :

  – **cantar → cantando** ; **comer → comiendo** ; **abrir → abriendo**

- Il y a peu d'irrégularités. Signalons cependant que le radical des verbes à affaiblissement et à alternance se ferme en **-i** ou en **-u** :

  – **pedir → pidiendo** ; **sentir → sintiendo** ; **morir → muriendo**

- Le verbe **poder** donne **pudiendo** et les verbes en **-er** et **-ir** dont le radical finit par une voyelle ont un gérondif en **-yendo** :

  – **caer → cayendo** ; **construir → contruyendo**

- Associé à un verbe conjugué, le gérondif prend des valeurs circonstancielles qui recoupent en grande partie celles du participe présent français : temps, cause, conséquence, condition, concession.

1 **Introduisez les verbes ci-dessous dans la phrase qui convient en les mettant au gérondif.**

leer
corregir
vivir
dormir
viajar
ver
huir

a. .... se aprenden idiomas.

b. Siempre cena .... la tele.

c. Aun .... en Alemania no consigo hablar alemán.

d. .... tus errores progresarás.

e. .... bien estás más relajado.

f. Viene .... de la guerra.

g. Me entero de todo .... la prensa.

Présent simple et présent progressif

- La vérité générale et l'habitude s'énoncent au moyen du présent simple :
  - **El agua hierve a cien grados,** *L'eau bout à cent degrés.*
  - **Tomo clases de yoga desde niña,** *Je prends des cours de yoga depuis l'enfance.*
- L'espagnol utilise très souvent le présent progressif (**estar** + gérondif) pour représenter le déroulement d'une action dans un temps déterminé :

  - **El agua para el té está hirviendo,** *L'eau pour le thé est en train de bouillir.*
  - **Este año estoy tomando clases de yoga,** *Cette année, je prends des cours de yoga.*

2 **Ces quatre séries de deux phrases font appel au même verbe. Essayez d'en distinguer l'intention en employant, pour l'une, le présent simple, et pour l'autre la forme progressive.**

a. **[construir]** Este arquitecto siempre .... edificios horribles.

b. **[construir]** Este arquitecto .... unas casas horribles en Brasil.

c. **[hacer]** Lo siento, no puedo hablarte: .... algo importante.

d. **[hacer]** Si no me concentro no .... nada interesante.

e. **[decir]** Tu padre es así: .... lo que piensa.

f. **[decir]** No interrumpas a tu padre: te .... cosas muy sensatas.

g. **[morir]** Cada año .... muchos inocentes en conflictos armados.

h. **[morir]** .... muchos inocentes en esta guerra.

Attention à l'enclise !

- En espagnol, un pronom personnel ne peut pas directement précéder un gérondif. Il s'accroche à lui (c'est ce que l'on appelle l'enclise) : **levantándose**, *en se levant.* Attention : l'accent tonique remonte au-delà de l'avant-dernière syllabe et il faut donc l'écrire.
- Dans une phrase à la forme progressive, vous avez le choix :
  - **Estoy levantándome** (enclise du pronom).
  - **Me estoy levantando** (pronom placé devant l'auxiliaire).

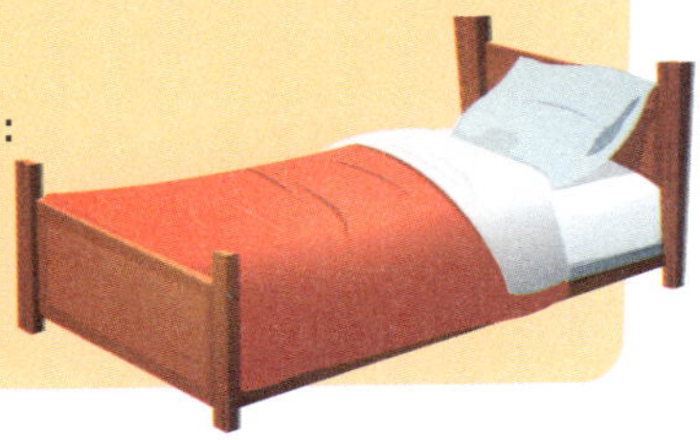

3 Donnez l'autre formulation possible, avec l'enclise.

a. Nos está mirando.

....

b. Me estoy riendo de vosotros.

....

c. Te está llamando tonto.

....

d. Se están vistiendo.

....

La continuité de l'action : « seguir » + gérondif

- **Seguir** + gérondif porte une idée de continuité ou de permanence :
  - **¿Sigues viviendo en Madrid?**, *Tu vis toujours à Madrid ?*
  - **Voy a seguir ayudándote**, *Je vais continuer à t'aider.*
  - **Son la diez y sigue trabajando**, *Il est dix heures et il travaille encore.*

4 Comment pourrait-on formuler ces phrases, sans enclise ?

a. Estamos divirtiéndonos.

....

b. Tu padre está viéndote.

....

c. Estoy oyéndote.

....

d. ¿Estás preparándote?

....

5 Traduisez ces phrases en utilisant la périphrase au gérondif.

a. Tu apprends toujours le chinois ?

....

b. Je veux que tu continues à m'écrire.

....

c. Elle est toujours la même.

....

d. Mon vieil ordinateur sert encore.

....

e. Je crois toujours en Dieu.

....

Autres périphrases verbales au gérondif

- **Ir** + gérondif s'emploie lorsque l'on parle d'un processus en évolution, qui suppose des étapes et induit parfois une idée de lenteur.
  - **Va haciendo frío,** *Il commence à faire froid.*
  - **Me voy acostumbrando a Madrid,** *Je m'habitue peu à peu à Madrid.*
- **Venir** + gérondif exprime la même idée, mais lorsque le début de ce processus est situé dans le passé :
  - **Te vengo avisando desde hace un mes,** *Je n'arrête pas de t'avertir depuis un mois.*

6 Reformulez le verbe souligné en utilisant l'une des deux périphrases vues dans la leçon ci-contre.

a. Mi hijo es cada día más insoportable: pierdo paciencia.

→ ....

b. Llueve bastante desde hace un tiempo.

→ ....

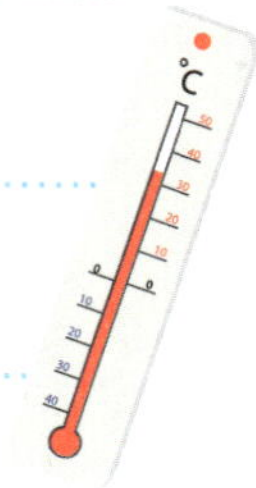

c. Hace mucho calor últimamente.

→ ....

d. Destruyen la costa con tantas construcciones.

→ ....

e. Los años pasan, me hago viejo.

→ ....

f. ¡Vístete ya: te lo digo desde esta mañana!

→ ....

Le gérondif espagnol à la place de l'infinitif français

- Un certain nombre de tournures se rendent par l'infinitif en français mais par le gérondif en espagnol :
  - rester à : **Me quedo estudiando hasta las doce,** *Je reste à étudier jusqu'à minuit.*
  - passer son temps (ses heures, etc.) à : **Me paso el tiempo viendo la tele,** *Je passe mon temps à regarder la télé.*
  - finir par : **Acaba funcionando,** *Ça finit par marcher.*

7 Introduisez la périphrase espagnole signifiant « rester à » à la place du verbe souligné.

a. Duerme delante de la tele.

→ ....

b. Pienso en el pasado.

→ ....

c. Cantan durante toda la noche.

→ ....

d. Prefiero leer una novela que ver la tele.

→ ....

8 **Traduisez ces phrases en vous servant de la formule donnée dans la leçon précédente.**

a. Tu passes ton temps à voyager.

→ ……………………………………………………………………

b. Cet artiste passe sa vie à créer des œuvres.

→ ……………………………………………………………………

c. Je passe ma nuit à compter des moutons.

→ ……………………………………………………………………

d. Ils passent leurs journées à boire.

→ ……………………………………………………………………

9 **Réécrivez les phrases ci-dessous en introduisant la périphrase espagnole signifiant « finir par ».**

Modèle : Il croit ce qu'il dit. → Il finit par croire ce qu'il dit.

a. Cree lo que dice.

→ ……………………………………………………………………

b. Siempre me pides dinero.

→ ……………………………………………………………………

c. Al final siempre llueve.

→ ……………………………………………………………………

d. Los gatos siempre vuelven a casa.

→ ……………………………………………………………………

Équivalents espagnols de l'adjectif verbal français

- Au participe présent français correspond (selon les usages que nous venons de voir) le gérondif espagnol invariable : **sonriendo,** *en souriant.* Il ne faut pas le confondre avec l'adjectif verbal qui pourra, lui, s'accorder en genre et en nombre.
- Celui-ci se rend en espagnol par :
  - un adjectif verbal en **-ante** ou **-ente** : **personas interesantes y sonrientes,** *des personnes intéressantes et souriantes.*
  - un adjectif qualificatif aux terminaisons diverses : **una mirada huidiza,** *un regard fuyant* ; **una chica encantadora,** *une fille charmante.*
  - un participe passé : **un hombre agradecido,** *un homme reconnaissant.*

10 Cochez la bonne traduction :

a. une réponse satisfaisante :
- ☐ una respuesta satisfaciente
- ☐ una respuesta satisfactoria
- ☐ una respuesta satisfaciendo

b. des paroles convaincantes :
- ☐ palabras convencidas
- ☐ palabras convenciendo
- ☐ palabras convincentes

c. un enfant obéissant :
- ☐ un niño obediente
- ☐ un niño obedeciente
- ☐ un niño obedeciendo

d. une blague amusante :
- ☐ un chiste divirtiente
- ☐ un chiste divirtiendo
- ☐ un chiste divertido

e. une cravate voyante :
- ☐ una corbata vistosa
- ☐ una corbata vidente
- ☐ una corbata viendo

f. une réflexion blessante :
- ☐ una reflexión herida
- ☐ una reflexión hiriente
- ☐ una reflexión hiriendo

g. un bruit gênant :
- ☐ un ruido molestante
- ☐ un ruido molestiente
- ☐ un ruido molesto

h. une révélation surprenante :
- ☐ una revelación sorprendida
- ☐ una revelación sorprendente
- ☐ una revelación sorprendiendo

i. un regard fuyant :
- ☐ una mirada huyente
- ☐ una mirada huyendo
- ☐ una mirada huidiza

j. un roman pesant :
- ☐ una novela pesadiza
- ☐ una novela pesada
- ☐ una novela pesante

Bravo, vous êtes venu à bout du chapitre 4 ! Il est maintenant temps de comptabiliser les icônes et de reporter le résultat en page 128 pour l'évaluation finale.

Lexique et lecture 1 : corps et sport

Le corps en mots

Oubliez les stéréotypes sur les Méditerranéens de petite taille… Sans même parler du roi Felipe VI (1,97 mètre sous la toise), il suffit de se promener dans la rue pour constater que les Espagnols d'aujourd'hui sont grands : 1,78 mètre en moyenne pour les garçons de 15-24 ans, légèrement plus que les jeunes Français au même âge ! Auscultons donc ce grand corps : d'abord **la cara** *(le visage)*, puis **el cuerpo** *(le corps)*.

1 Complétez les légendes de ce visage avec les consonnes manquantes. Ajoutez l'article *el* ou *la* devant chaque mot. Attention, le genre n'est pas toujours le même en français et en espagnol !

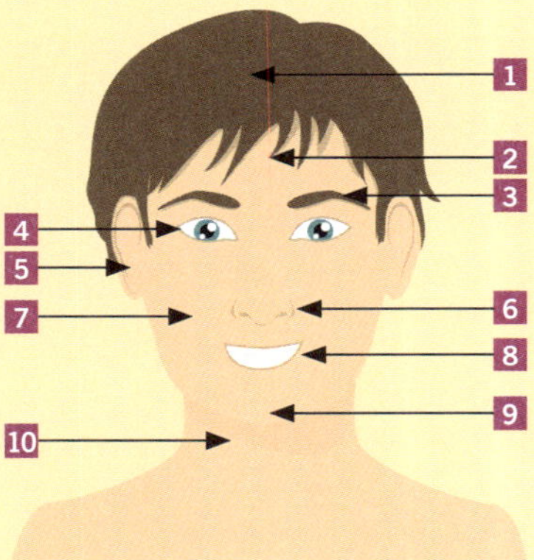

1 .... _ E _ O
2 .... _ _ E _ _ E
3 .... _ E _ A
4 .... O _ O
5 .... _ _ E _ A
6 .... _ A _ I _
7 .... _ E _ I _ _ A
8 .... _ O _ A
9 .... _ A _ _ I _ _ A
10 .... _ U E _ _ O

2 Complétez les légendes de ce corps avec les voyelles manquantes. Ajoutez l'article *el* ou *la* en faisant bien attention au genre du mot en espagnol.

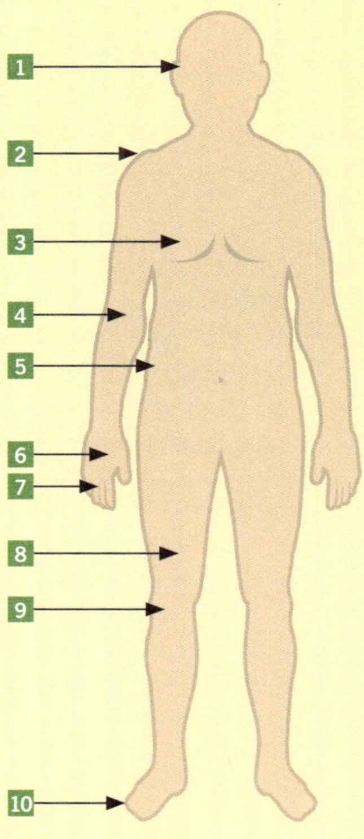

1 .... C _ B _ Z _
2 .... H _ M B R _
3 .... P _ C H _
4 .... B R _ Z _
5 .... C _ N T _ R _
6 .... M _ N _
7 .... D _ D _
8 .... P _ _ R N _
9 .... R _ D _ L L _
10 .... P _ _

Le corps en adjectifs

Savoir nommer les parties du corps et du visage, c'est bien. Pouvoir les décrire objectivement et en parler, subjectivement, c'est mieux ! Rien de tel qu'un petit texte pour travailler ce lexique en situation.

Almudena y Magda

Almudena adora a Magda, pero también la envidia por razones que no son evidentes. Almudena es alta, morena y siempre delgada y elástica, con cara ovalada, boca y dientes perfectos, grandes ojos oscuros protegidos por unas pestañas tupidas, pelo castaño espeso, liso y sedoso, piel aceitunada y suave. Suele recogerse la melena en una trenza, una cola de caballo o un moño.
Magda es pelirroja, con una piel blanca transparente, lechosa, en la que proliferan las pecas; los ojos verdes, la nariz respingona, los labios carnosos y las pestañas y las cejas apenas existentes, y tiene una tendencia irresistible a engordar. Su pelo rojo está siempre revuelto, inmanejable.
A Almudena le fascina el pelo rojo de Magda, vivo y alegre, los ojos sonrientes y astutos, y sobre todo las formas. Envidia a Magda su viveza, su energía, su espontaneidad y seguridad en sí misma, y sobre todo que nunca tenga envidia de nadie.

Carmen Rico-Godoy, Cortados, solos y con (mala) leche

3 Compréhension générale : cochez *verdadero* (vrai) ou *falso* (faux) pour chaque affirmation.

	VERDADERO	FALSO
a. Almudena es más guapa que Magda.	☐	☐
b. Magda es más delgada que Almudena.	☐	☐
c. Magda envidia a Almudena.	☐	☐
d. Almudena envidia a Magda.	☐	☐
e. Almudena detesta a Magda.	☐	☐
f. Magda detesta a Almudena.	☐	☐

4 Rayez l'intrus dans chaque série.

a. rubio castaño pelirrojo alto moreno

b. transparente pálido blanco espeso lechoso

c. pie ceja ojo pestaña nariz

d. melena pelo trenza moño piel

5 Remettez les lettres dans l'ordre pour trouver la traduction des deux antonymes donnés.

a. maigre / gros : **DALGODOGRODE** → ....

b. sombre / clair : **OCRARUSOCLO** → ....

c. épais / fin : **NOPOSISEFE** → ....

d. grossir / maigrir : **GAGAZELNORADARDER** → ....

6 En vous aidant du texte, traduisez :

a. un chignon parfait

→ ....

b. une peau douce

→ ....

c. Magda est rousse.

→ ....

d. Elle a des taches de rousseur.

→ ....

Le corps en expressions

Costar un ojo de la cara, *coûter un bras* ; **echarse las manos a la cabeza**, *lever les bras au ciel…* : les expressions faisant intervenir les parties du corps sont fréquentes, mais sont rarement les mêmes d'une langue à l'autre.

7 **Placez chaque étiquette au bon endroit pour trouver l'équivalent espagnol des expressions ci-dessous.**

dedo – cara – culo – huesos – codos – boca – espalda – brazo – cuello – pecho – lengua

a. Je l'ai dans la peau.
➜ Estoy por sus ……………………

b. Sur le dos.
➜ …………………… arriba.

c. Ne pas se rendre.
➜ No dar su …………… a torcer.

d. Être sans gêne.
➜ Tener …………………… dura.

e. Être un moulin à paroles.
➜ Hablar por los ……………………

f. Ne pas tenir en place.
➜ Ser …………… de mal asiento.

g. Être naïf.
➜ Chuparse el ……………………

h. Mettre la main au feu.
➜ Apostar el ……………………

i. Tirer les vers du nez.
➜ Tirar de la ……………………

j. S'envoyer (boisson et aliments).
➜ Meterse entre ……… y ………

Un peu de sport ?

Mover el esqueleto, *bouger un peu*, rien de tel pour garder la santé ! À moins que vous ne préfériez le sport à la télé, le célèbre **sillón-bol** (*fauteuil-ball*), qui a tant d'adeptes outre-Pyrénées.

8 ***El deporte*, c'est « le sport », mais attention à la traduction de « sportif » : *deportivo/a* ou *deportista* ? Réfléchissez aux deux valeurs du mot en français et complétez chaque phrase.**

a. Querer ganar a toda costa no es ser muy ……………………

b. Pau Gasol y Andrés Iniesta son grandes …………………… españoles.

c. No me gusta jugar contra ti porque tu actitud no es ……………………

d. Me gusta el deporte pero no soy fan de ningún ……………………

e. No practico ninguna actividad ……………………

9 **Les descriptions de ces deux jeunes filles se sont malencontreusement mélangées… Saurez-vous réécrire chaque portrait dans sa fiche ?**

Su cara es redonda. Tiene los ojos claros. En sus mejillas se ven muchísimas pecas. Siempre está riendo. Es rubia. Lleva el pelo recogido en un moño. Sus labios carnosos descubren dientes grandes. Es morena. Lleva trenzas. Su boca es fina. Tiene grandes ojos negros. Cuando sonríe asoman unos dientes pequeños. Sus pestañas son larguísimas. Tiene la cara ovalada.

Bravo, vous êtes venu à bout du chapitre Lexique et lecture 1 ! Il est maintenant temps de comptabiliser les icônes et de reporter le résultat en page 128 pour l'évaluation finale.

5

Ser, estar et les traductions de « être »

Ser, estar : rappel des notions de base

- Là où le français dispose du seul verbe *être*, l'espagnol distingue philosophiquement **ser** (l'essence) et **estar** (le devenir existentiel). Il en découle une première règle simple ; devant un substantif (la substance des êtres et des choses), ce sera toujours **ser** :

  – **Soy profesor**, *Je suis professeur.*

  – **Es mi casa**, *C'est ma maison.*

- Même chose donc pour les pronoms personnels, indéfinis, possessifs et démonstratifs :

  – **Es él**, *C'est lui* ; **Soy yo**, *C'est moi.*

  – **No es nada**, *Ce n'est rien.*

  – **Es mío**, *C'est à moi.*

  – **Es este**, *C'est celui-ci.*

- La question de l'emploi de **ser** ou d'**estar** ne se pose que devant un adjectif ou un participe passé. Lorsque l'on a en tête une qualité essentielle (identité, caractère, etc.), c'est **ser** ; si l'on envisage une circonstance (état d'âme, physique, etc.), c'est **estar** :

  – **Es altísima**, *Elle est très grande.*

  – **Es irlandés**, *Il est irlandais.*

  – **Está triste**, *Il est triste.*

  – **Está enferma**, *Elle est malade.*

1 Complétez la traduction de ces phrases en utilisant *ser* ou *estar*.

a. C'est toi, chéri ?
→ ¿ .... tú, cariño?

b. C'est quelque chose de grave ?
→ ¿ .... algo grave?

c. Je ne suis pas satisfait.
→ No .... satisfecho.

d. Nous sommes inquiètes.
→ .... preocupadas.

e. Non, ce n'est pas ça.
→ No, no .... eso.

f. C'est la vie.
→ Así .... la vida.

g. Les bars sont pleins.
→ Los bares .... llenos.

h. Vous êtes nus.
→ .... desnudos.

i. Nous sommes athées.
→ .... ateos.

j. Es-tu habillé ?
→ ¿ .... vestido?

Ser / estar + adjectif : nuances et changement de sens

- En général, le sens porté par l'adjectif fait qu'il appelle **ser** ou **estar** :
  - **Está solo**, *Il est seul* (situation).
  - **Es solitaria**, *Elle est solitaire* (trait de caractère).
- Mais bien souvent aussi, un même adjectif peut admettre **ser** ou **estar**, ce qui permet des usages tout en nuances :
  - **Esta camisa es amarilla**, *Cette chemise est jaune* (c'est sa couleur d'origine), mais **Esta camisa está amarilla**, *Cette chemise est jaune* (elle est jaune parce qu'elle a jauni avec le temps).
  - **Paco es alto**, *Paco est grand* (on parle de sa taille dans l'absolu), mais **Vas a ver qué alto está Paco**, *Tu vas voir comme Paco est grand* (on veut dire qu'il a grandi).
- Parfois, l'emploi de **ser** ou **estar** change radicalement le sens : **Eres muy listo**, *Tu es très intelligent.* / **¿Estás listo?**, *Tu es prêt ?*

2 Ces phrases mettent en scène les valeurs changeantes de certains adjectifs selon qu'ils sont employés avec *ser* ou *estar*. Introduisez l'un ou l'autre, conjugué en fonction du contexte.

a. Es agradable cenar en casa de Pepa: .... muy atenta.

b. ¿Este libro .... nuevo o es una reedición?

c. Siempre .... delicado preguntarle por la salud.

d. ¡Qué vivo ....! Lo entiendes todo a la primera.

e. Esta moto no .... nueva: la vendo a mitad de precio.

f. Pepa siempre .... atenta al menor detalle.

g. No te preocupes por Paco: .... vivo, es lo esencial.

h. Paco .... delicado de salud, va a operarse.

estar ser ser estar ESTAR ser ser

Être + participe passé

- Le participe passé en **-ido** ou **-ado** se comporte souvent comme un simple adjectif : **Estamos tristes y cansados**, *Nous sommes tristes et fatigués*. Cependant, il peut aussi conserver sa valeur verbale, au sein de trois structures qu'il ne faut pas confondre : le passé composé, la voix passive et le passif résultatif.
- Contrairement au français, le passé composé espagnol se construit exclusivement avec l'auxiliaire **haber** et le participe invariable. Attention donc à ne pas utiliser **ser** ou **estar** dans ce cas :
  - **He venido**, *Je suis venu.*
  - **Hemos salido**, *Nous sommes sortis.*
- La voix passive, elle, est semblable dans les deux langues ; auxiliaire *être* (**ser**) + participe passé accordé :
  - **La casa es destruida por el incendio**, *La maison est détruite par l'incendie.*
- Le passif dit « résultatif », lui, ne considère par l'action mais le résultat de l'action. L'espagnol, dans ce cas, utilise **estar** :
  - **La casa está destruida**, *La maison est détruite.*

3 Reformulez ces phrases au passé composé.

a. Comemos demasiado.
→ ....

b. El cartero pasa.
→ ....

c. Van a pasear.
→ ....

d. El rey muere.
→ ....

e. ¿Te lavas las manos?
→ ....

f. Me levanto temprano.
→ ....

4 Reformulez ces phrases au passif. Attention aux participes irréguliers.

a. La policía persigue a los ladrones.
→ ....

b. Miles de personas ven este programa.
→ ....

c. Un fondo de inversión adquiere la compañía.
→ ....

d. Los diputados votan las reformas.
→ ....

5 Cochez la bonne traduction.

a. Le jouet est cassé.
- ▢ El juguete ha roto.
- ▢ El juguete está roto.
- ▢ El juguete es roto.

b. La nuit est tombée.
- ▢ La noche está caída.
- ▢ La noche es caída.
- ▢ La noche ha caído.

c. Le bar est ouvert jour et nuit.
- ▢ El bar es abierto día y noche.
- ▢ El bar ha abierto día y noche.
- ▢ El bar está abierto día y noche.

d. Les explosions ont été entendues par les voisins.
- ▢ Las explosiones han sido oídas por los vecinos.
- ▢ Las explosiones están oídas por los vecinos.
- ▢ Las explosiones han oído por los vecinos.

e. La guerre est finie.
- ▢ La guerra es acabada.
- ▢ La guerra está acabada.
- ▢ La guerra ha acabado

Le participe passé à valeur active

Quelques participes passés prennent une valeur active lorsqu'ils sont précédés de **ser**. **Este chico es muy leído**, par exemple, ne signifie pas qu'« il est très lu » mais qu'il a beaucoup lu *(il est très cultivé)*.

6 Introduisez *es* ou *está* dans chaque phrase afin de rendre la nuance active ou passive des participes.

a. Este juguete .... entretenido.

b. El niño .... entretenido con sus juguetes.

c. La llave .... disimulada debajo del felpudo.

d. Nunca dice lo que piensa: .... muy disimulado.

e. Voy a dormir: .... cansadísimo.

f. No lo soporto: ¡.......... cansadísimo!

g. Me estoy durmiendo: esta película .... muy aburrida.

h. Cuando .... aburrido voy al cine.

7 **En vous utilisant des participes de l'exercice précédent, traduisez ces phrases.**

a. Ce film est ennuyeux. ➜ ....

b. Non, il est distrayant. ➜ ....

c. L'argent est bien caché. ➜ ....

d. Je ne l'aime pas : il est très hypocrite. ➜ ....

e. Oui, et il est pénible ! ➜ ....

f. Je suis fatigué de voir des films. ➜ ....

g. Ta mère s'ennuie. ➜ ....

h. Non, elle se distrait avec la télé. ➜ ....

Gare aux pièges : *ser* et *estar*, *bueno* et *bien*

- Dans un petit roman désopilant intitulé *La tesis de Nancy*, Ramón J. Sender raconte les mésaventures linguistiques d'une jeune thésarde anglaise, que l'espagnol conversationnel plonge dans des abîmes de perplexité… : « *En la puerta del café hay siempre gente joven y cuando vuelvo a casa veo que alguno me mira y dice: "Está buena." Yo no puedo menos que agradecerle con una sonrisa su preocupación por mi salud.* » Il faut dire qu'avec **ser** et **estar, bueno** prend les sens les plus divers…
- L'adverbe **bien**, lui aussi, entre dans plusieurs tournures très courantes :
  - **Es bueno pasear**, *Il est bon de se promener.*
  - **No está bien mentir**, *Ce n'est pas bien de mentir.*
  - **Este hotel está bien**, *Cet hôtel est bien.*
  - **No estoy bien**, *Je ne me sens pas bien.*
  - **Gracias, está bien**, *Merci, c'est bon* (pour dire que l'on ne veut pas davantage de quelque chose).
  - **¡Está bien!**, *Ça suffit !*

estar bueno(a) :
- *être en bonne santé*
- *être « bon » / « bonne »* (physiquement)
- *être bon* (au goût)

ser bueno :
- *être bon* (moralement)
- *être gentil*
- *être bon* (pour la santé)

8 **Voici une série de courts dialogues : complétez-les avec *ser* ou *estar* conjugués à la personne qui convient.**

a. La mantequilla no ...... buena para el corazón.

b. Sí, el aceite de oliva .... mejor.

c. Tienes mala cara, ¿....... bien?

d. Sí, salgo de una gripe pero ya .... bueno.

e. ¡Qué bueno .... echarse la siesta!

f. Sí, y además .... bueno para la salud.

g. El niño no .... bueno, hay que castigarlo.

h. Sí, ¡ya .... bien!

i. ¡Qué buena .... la sangría en este bar!

j. ¡Sí, pero qué malo .... el café!

k. ¡Las tías .... buenísimas en esta playa!

l. Tss, no .... bien hablar así de las mujeres.

Bravo, vous êtes venu à bout du chapitre 5 ! Il est maintenant temps de comptabiliser les icônes et de reporter le résultat en page 128 pour l'évaluation finale.

6

Tutoiement et vouvoiement

Les trois « vous » de l'espagnol

- L'Espagnol tutoie pour peu que la situation s'y prête (au travail, entre personnes de même génération…) et même dans des cas où le vouvoiement s'imposerait en France (entre professeurs et élèves au lycée, par exemple). Gare aux excès de familiarité cependant, car le « vous » n'a pas disparu…
- Le « vous » français recouvre trois réalités que l'espagnol distingue : le vouvoiement au singulier (vous, monsieur), le vouvoiement au pluriel (vous, messieurs) et le tutoiement collectif (vous, les amis).
- Le pronom personnel sujet correspondant au « vous de politesse » singulier est **usted**, suivi de la 3e personne (**ustedes** + 3e personne du pluriel si vous marquez la politesse à plusieurs personnes). Lorsque « vous » est un tutoiement collectif, le pronom sujet est **vosotros** + 2e personne du pluriel :

  – **Vosotros sois mis amigos**, *Vous, vous êtes mes amis.*
  – **¿Es usted el doctor López?**, *Vous êtes le docteur Lopez ?*
  – **¿Qué van a tomar ustedes, señores?**, *Qu'allez-vous prendre, messieurs ?*

1 **Transposez les phrases suivantes dans l'autre *tratamiento* : au vouvoiement s'il s'agit de tutoiement, au tutoiement si c'est du vouvoiement.**

a. ¿En qué estáis pensando? → ....

b. ¿Qué dice usted? → ....

c. ¿Adónde van ustedes? → ....

d. ¿No me reconoces? → ....

e. Dormís demasiado. → ....

f. ¿Sigues viviendo en Madrid? → ....

g. Que sean muy felices. → ....

Pronoms personnels aux deux « tratamientos »

- Au vouvoiement de politesse, les pronoms personnels compléments sont aussi ceux de la 3e personne :

  – Tutoiement : **Te lavas / os laváis**, *Tu te laves / vous vous lavez.*
  – Vouvoiement : **Se lava (usted) / se lavan (ustedes)**, *Vous vous lavez.*
  – Tutoiement : **Te gusta / os gusta**, *Ça te plaît, ça vous plaît.*
  – Vouvoiement : **Le gusta / les gusta**, *Ça vous plaît.*

- On admet **le** et **les** comme pronoms compléments directs, mais seulement au masculin :

  – **Te veo / os veo, amigos**, *Je te vois / je vous vois, les amis.*
  – **Lo (le) veo, señor**, *Je vous vois, monsieur.*
  – **Los (les) veo, señores**, *Je vous vois, messieurs.*
  – **La veo, señora**, *Je vous vois, madame.*
  – **Las veo, señoras**, *Je vous vois, mesdames.*

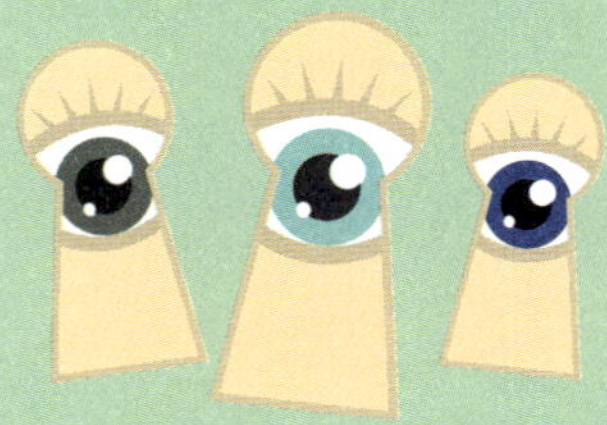

- Attention aux pronoms précédés d'une préposition :

  – Tutoiement : **a ti / a vosotros**, *à toi / à vous*
  – Vouvoiement : **a usted / a ustedes**, *à vous*

2 Voici quelques messages extraits d'un répondeur. Certaines personnes tutoient, d'autres vouvoient. Soulignez tous les passages concernés par le *tratamiento*.

a. Hola, ¿os acordáis de que os hemos invitado a cenar esta noche? ¡Si os apetece, claro! ¿Podéis llamarnos para confirmar que venís?

b. Buenos días. Le llamo desde la administración de Hacienda para pedirle que se presente cuanto antes en nuestras oficinas.

c. ¿Se te han perdido las llaves? ¿Te has quedado en la calle? ¡No te desesperes! Nosotros te ayudamos. Cerrajeros de urgencia 0678002134, siempre contigo.

d. Aquí Comisaría. Si son ustedes los propietarios del vehículo con matrícula AL29435, tienen que ponerse en contacto con nosotros a la brevedad.

3 **Réécrivez les passages que vous avez soulignés précédemment, en modifiant le *tratamiento* (tutoiement à la place du vouvoiement et vice versa).**

a. ....
....

b. ....
....

c. ....
....

d. ....
....

Les possessifs aux deux « tratamientos »

- Vouvoyer en espagnol, c'est comme parler au roi en français : on se sert partout de la 3e personne, et donc aussi pour les possessifs (« Votre majesté veut-elle que je lui apporte son journal et ses pantoufles ? »).
- Attention donc, à nouveau, aux équivalents de « votre » :
  – **Es vuestro perro** (plusieurs possesseurs que l'on tutoie)
  – **Es su perro** (un ou plusieurs possesseurs que l'on vouvoie)
- Remarquez que le possessif de la 3e personne espagnol **su** signifie aussi bien *son* (un possesseur) que *leur* (plusieurs possesseurs) ; on retrouvera donc cette ambiguïté au vouvoiement.

4 **En fonction du contexte de chaque phrase, introduisez les possessifs manquants.**

a. Hola, ¿cómo estáis? Acabo de hablar con .... hijo.

b. Aquí tiene .... calamares, caballero. ¿Desea algo más?

c. Con .... permiso, don Andrés, me voy a retirar.

d. Perdón papá, perdón mamá, sé que estoy abusando de .... paciencia.

e. .... intenciones no son malas, pero no os tengo confianza.

f. Señores viajeros, cuidado con .... equipaje y .... efectos personales.

L'ordre aux deux « tratamientos »

- L'impératif au sens strict n'a que deux personnes en espagnol, la 2e du singulier et la 2e du pluriel. Il ne sert donc qu'à tutoyer, puisque le vouvoiement exige la 3e personne :

– **¡Come y calla!**, *Mange et tais-toi !*
– **¡Comed y callad, niños!**, *Mangez et taisez-vous, les enfants !*

- Pour marquer la politesse dans un ordre, l'espagnol utilise donc la 3e personne du subjonctif :

– **Pase, caballero**, *Passez, monsieur.*
– **Pasen, caballeros**, *Passez, messieurs.*

- Soyez attentif à l'enclise du pronom, complément et réfléchi :

– Tutoiement : **Dime**, *Dis-moi* ; **Levántate**, *Lève-toi.*

– Vouvoiement : **Dígame**, *Dites-moi* ; **Levántese**, *Levez-vous.*

- NB : le **d** final tombe à la 2e personne de l'impératif pluriel des verbes pronominaux :

– **Levanta(d)os → Levantaos, niños**, *Asseyez-vous, les enfants.*

5 **Complétez ce tableau en formulant des ordres qui correspondent aux quatre cas possibles.**

	Tutoiement singulier	Tutoiement pluriel	Vouvoiement singulier	Vouvoiement pluriel
jugar				
sonreír				
sentarse				
vestirse				

Particularités hispano-américaines

- L'Amérique hispanophone dans son ensemble ignore les pronoms **vosotros**, **os** et la 2e personne du pluriel. Elle utilise à sa place **ustedes** et la 3e personne du pluriel :

  – **¿Cómo están ustedes, amigos?**, *Comment ça va, les amis ?* (Et non **¿Cómo estáis?**)

- Il existe également un tutoiement particulier, appelé **voseo**, essentiellement présent dans le cône sud (Argentine, Uruguay, Chili), ainsi qu'au Venezuela, en Colombie et dans certaines zones d'Amérique du Sud. Pour nous en tenir au **voseo** de Buenos Aires, il consiste à :

  – utiliser **vos** à la place de **tú** et de **ti** (**para vos, con vos** et non **para ti, contigo**). Attention : **te** reste **te**.

  – conjuguer **vos** avec la 2e personne du pluriel sans le **i** : **vos sos**, *tu es* ; **vos cantás**, *tu chantes* ; **vos comés**, *tu manges*. S'il s'agit d'un verbe en **-ir**, on utilise la 2e personne du pluriel telle quelle : **Vos decís**, *Tu dis*.

  – accentuer la voyelle finale à l'impératif singulier : **cantá**, *chante* ; **comé**, *mange*.

6 **Voici deux strophes du *Corrido de Juan sin Tierra*, célèbre chanson de la révolution mexicaine. On s'y tutoie « à la mexicaine ». Réécrivez-les en tutoyant « à l'espagnole ».**

El general nos decía:
peleen con mucho valor,
les vamos a dar parcelas
cuando haya repartición.

Si me vienen a buscar
para otra revolución,
les digo estoy ocupado
sembrando para el patrón.

7 **Voici un extrait de *El beso de la mujer araña (Le baiser de la femme-araignée)*, roman de l'Argentin Manuel Puig, et un petit dialogue entre Susanita et Felipe, extrait de la bande dessinée *Mafalda*. Soulignez tous les termes marqués par le *voseo*.**

– ¿Te imaginás a una mujer presidente de la nación, Felipe?
– ¡Dios nos libre!
– Mirá, para que sepas, las mujeres somos más inteligentes que los hombres, ¿oís? Y más nobles y más buenas, ¿sabés? Y más dulces y más tiernas, ¿entendés?

Mafalda, Quino.

– Cocinás bien.
– Gracias, Valentín.
– Pero me vas a acostumbrar mal.
– Vos sos loco, ¡viví el momento!, ¡aprovechá!, ¿te vas a amargar la comida pensando en lo que va a pasar mañana?
– No creo en eso de vivir el momento, Molina.
– ¿Vos creés en el paraíso y el infierno?
– Esperate, Molina.

El beso de la mujer araña, Manuel Puig.

8 **Réécrivez les termes que vous avez soulignés dans le dialogue de *Mafalda* en utilisant le tutoiement de l'espagnol péninsulaire.**

....	....
....	....
....	....
....	....

9 **Effectuez le même exercice pour l'extrait du roman de Manuel Puig.**

....	....
....	....
....	....
....	....

Bravo, vous êtes venu à bout du chapitre 6 ! Il est maintenant temps de comptabiliser les icônes et de reporter le résultat en page 128 pour l'évaluation finale.

Quelques clés de l'espagnol 2

Les américanismes

- L'espagnol d'Espagne et celui des Amériques sont grammaticalement identiques ; il n'y a guère que les usages relatifs à **ustedes** et à **voseo** comme différence syntaxique. Les américanismes lexicaux, par contre, sont nombreux. Ils varient d'un pays, et même d'une région à l'autre, et remplissent des dictionnaires entiers : s'y mêlent des substrats de langues préhispaniques (**elote**, *épi de maïs* ; **guajolote**, *dindon...*), des formes archaïques du castillan (**dizque**, *soi-disant* ; **fierro**, *fer...*) et toute une langue familière, parfois déroutante pour qui ne connaît que l'espagnol péninsulaire.
- Noms des aliments, des outils et des objets les plus quotidiens, contaminations de l'anglais parfois aussi (le « spanglish ») : il faut toujours un petit temps d'adaptation quand on « traverse la flaque » (**cruzar el charco**, *traverser l'Atlantique*). Sans parler des accents, divers à l'échelle d'un continent.

1 **Vous allez trouver dans les étiquettes les noms de huit produits, en espagnol d'Espagne et en espagnol du Mexique : abricot, betterave, haricot vert, pêche, petit pois, poireau, pomme de terre et tomate. À vous de les réécrire à côté de leur image et sous le bon drapeau.**

jitomate · chícharo · poro · durazno · betabel · melocotón · remolacha · papa · guisante · puerro · judía verde · albaricoque · chabacano · tomate · patata · ejote

 ....

 ....

 ....

 ....

 ....

 ....

 ....

 ....

2 Quel est l'équivalent espagnol de ces mexicanismes ?

a. estar parado
- ☐ no tener trabajo
- ☐ estar de pie
- ☐ estar preparado

b. rebasar el camión
- ☐ comprar un coche barato
- ☐ ser muy exagerado
- ☐ adelantar el autobús

c. una llanta ponchada
- ☐ un abrigo de lana sin mangas
- ☐ una rueda pinchada
- ☐ ron con una gota de limón

d. rentar un departamento
- ☐ alquilar un piso
- ☐ comprar un billete de avión
- ☐ jubilarse

e. una chamarra muy padre
- ☐ una cazadora bonita
- ☐ un cinturón ancho
- ☐ una chica con mal carácter

f. echarse un clavado en la alberca
- ☐ pasar la noche en un albergue
- ☐ invitarse a casa de alguien
- ☐ tirarse a la piscina

g. ponerse un saco
- ☐ emborracharse
- ☐ ponerse una chaqueta
- ☐ enriquecerse

h. la charola de las botanas
- ☐ la bandeja de los aperitivos
- ☐ el cepillo para los zapatos
- ☐ el parque botánico

3 Quelle est la bonne traduction pour ces mexicanismes ?

a. cerrar la cajuela
- ☐ la fermer
- ☐ fermer le coffre
- ☐ éteindre la télé

b. llamar al mesero
- ☐ allumer son briquet
- ☐ sonner à la porte
- ☐ appeler le serveur

c. Te extraño.
- ☐ Tu me manques.
- ☐ Tu m'étonnes.
- ☐ Je ne te comprends pas.

d. Es mi cuate.
- ☐ C'est mon pote.
- ☐ C'est mon lit.
- ☐ C'est mon tour.

e. agarrar el carro
- ☐ prendre le train en marche
- ☐ prendre la voiture
- ☐ prendre un taxi

f. apurarse
- ☐ se presser
- ☐ être sans le sou
- ☐ être inquiet

g. llenar el tanque
- ☐ foncer tout droit
- ☐ prendre toute la place
- ☐ faire le plein d'essence

h. parado en la banqueta
- ☐ assis sur un banc
- ☐ debout sur le trottoir
- ☐ interdit bancaire

Les faux-amis (suite)

Il suffit de si peu pour qu'un ami vous trahisse… Un faux air de famille (**la col**, *chou-fleur*, qui n'est pas *le col*, **el cuello**), **une tilde** de rien du tout (ce qui va de **la cana**, *le cheveu blanc*, à **la caña**, *la canne*) ou un misérable accent (pour distinguer **la sábana**, *le drap*, de **la sabana**, *la savane*). À la demande générale, revoici donc… les faux-amis !

4 **Placez les mots ci-dessous dans le tableau.**

ancho – embarrassée – criar – despensa – échec – cadre – enceinte – estruendo – faim – fama – gasto – gritar – libreta – jabón – jambon – long – permis de conduire – tableau

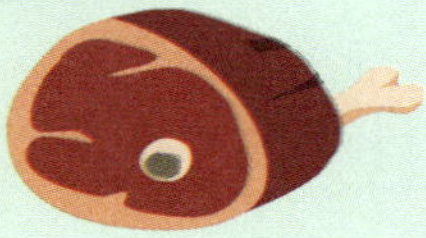

	Le mot espagnol…	signifie…	et non pas…	qui se dit…
a.	carné		carnet	
b.		élever	crier	
c.	cuadro			marco
d.		garde-manger	dépense	
e.	embarazada			molesta
f.		réputation		hambre
g.	fracaso		fracas	
h.		savon		jamón
i.	largo		large	

Formules pour la correspondance

- Les règles grammaticales du vouvoiement n'ont plus de secret pour vous. Mais qu'en est-il des formules plus ou moins figées de la correspondance ? Elles étaient en Espagne extrêmement longues et ampoulées jusqu'à il n'y a pas si longtemps, au point que l'on ne mettait parfois que l'initiale des mots : **Su atto. ss. q.e.s.m** (= **Su atento seguro servidor que estrecha su mano**).
- Toute cette phraséologie a considérablement évolué dans le sens de l'allègement. Petit tour d'horizon des correspondances privée et officielle.

5 **Abréviations, disions-nous ? En voici quelques-unes très courantes. Indiquez à quel mot elles renvoient ainsi que leur traduction.**

a. Sr. D. : ....

b. Uds. : ....

c. Fdo. : ....

d. P.D. : ....

e. Atte. : ....

f. tfno. : ....

6 **Un post-it, une carte de vœux et deux lettres : à chaque écrit son style, son ton, son *tratamiento* et ses formules de correspondance. Recopiez le contenu de chaque étiquette à la bonne place.**

Con motivo de

Muy señor mío

Ante todo

En relación a

Con objeto de

Hola, cariño

Querido Juan

Estimado cliente

Mil besos

reciba un muy cordial saludo

le saluda atentamente

tengo el gusto de

Sin otro particular

Te mando muchos recuerdos

....

No te olvides
de comprar el pan.
Volveré tarde.

....

Ana

.... : ....,

¡muchas felicidades! Te deseo un feliz cumpleaños y que cumplas muchos más. ....

y espero verte pronto.

Tu amigo que no te olvida,

Paco

Alejandro Segura Carretero
Embajadores 94
28080 Madrid

Madrid, a 12 de Octubre de 2015

Dirección de Recursos Humanos
Ruralka S. A.
Gran Vía 84
28013 Madrid

....:

.... la oferta de trabajo publicada en «El País» con fecha de hoy, me dirijo a Ud. .... presentar mi candidatura al puesto referido.

Como consta en el currículum adjunto, ya he desempeñado empleos de idéntico perfil, tanto en España como en el extranjero, además de contar con la titulación académica exigida en el anuncio. Quedo pues a su entera disposición para concertar una entrevista cuando lo considere oportuno.

.... y agradeciéndole de antemano su respuesta, ...

Librería ZEBRAS
Pza. Balneaario, 2
tfno. 950252511
Almería, 23 de abril de 2015
A la atención del Sr. D. Juan Herrezuelo

Asuntos: Día del libro.

..:

.... la celebración del Día del Libro, ... invitarle a una serie de actos que tendrán lugar en nuestra librería el próximo miércoles.

El evento contará con la presencia del escritor Marinus Velego, quien realizará una lectura de su próxima novela, y concluirá con un aperitivo.

Esperando poder contar con su presencia,

..,

Fdo. Belén Aldazábal, gerente.

Polysémies et distinguos

Les polysémies ne sont pas les mêmes d'une langue à l'autre : l'espagnol a deux mots différents, par exemple, pour dire la chemise que vous mettez et celle dans laquelle vous rangez vos factures. Et puis il y a les distinguos, toujours enivrants de subtilité : saviez-vous par exemple que l'espagnol distingue le « coin rentrant » du « coin saillant » ?

7 **Le prix d'une chose, c'est ce qu'elle coûte. Mais le prix Nobel, c'est différent, non ? Alors, dans les cas suivants, *premio* ou *precio* ?**

a. ¡Los .... no paran de subir!

b. Sufrir es el .... de la victoria.

c. Esta medalla es el .... por tu victoria.

d. El .... Cervantes recompensa a un escritor.

8 **Vous avez dit « culture » ? L'espagnol fait la différence entre *la cultura* et *el cultivo*. À vous de jouer !**

a. Este científico no tiene .... general.

b. Esta zona se dedica a .... del tomate.

c. Olivo y naranjo son .... tradicionales.

d. .... maya ocupó el sur de México.

9 **Recevoir et être reçu, ce n'est quand même pas pareil... Et pourtant, le français n'a qu'un mot : « hôte ». Saurez-vous distinguer *el huésped* et *el anfitrión* ?**

a. Francia es el país .... de la Eurocopa 2016.

b. ¡Qué bien hemos comido! Eres un magnífico ....

c. En este hotel han residido .... famosos.

d. En casa tengo un cuarto para ....

10 **Il y a donc deux types de « coins » en espagnol, le coin de la pièce (angle rentrant) et le coin de la rue (angle saillant). Voyons : lequel est *la esquina* et lequel *el rincón* ?**

a. Te espero en .... de aquella calle.

b. ¿En qué .... te has escondido?

c. ¡Ay! Me he dado con .... de la mesa.

d. Lo guardo en .... de mi memoria.

Bravo, vous êtes venu à bout du chapitre Quelques clés de l'espagnol 2 ! Il est maintenant temps de comptabiliser les icônes et de reporter le résultat en page 128 pour l'évaluation finale.

7

Conjonctions et prépositions

Les conjonctions « et », « ou » et « ni »

- Les conjonctions de coordination espagnoles prennent des formes et des sens divers selon l'environnement de la phrase. **Y** signifie *et* mais, pour éviter un choc de voyelles, devient **e** devant un mot commençant par **i** ou **hi**. Phénomène semblable pour **o**, *ou*, qui devient **u** s'il est suivi de **o** ou de **ho** :

  – **Una tierra inmensa y llana** / **Una tierra llana e inmensa**, *Une terre immense et plate.*

  – **¿Es horrible o bonito?** / **¿Es bonito u horrible?**, *Est-ce joli ou horrible ?*

- Attention, **y** reste **y** devant une diphtongue, même si elle commence par **i** ou **hi** : **nieve y hielo**, *de la neige et de la glace.*

- **Ni** correspond au *ni* français lorsqu'il relie des noms ou des adjectifs, et à *et ne pas* lorsqu'il relie deux verbes.

  – **No tengo (ni) móvil ni ordenador**, *Je n'ai ni portable ni ordinateur.*

  – **No tengo móvil ni quiero tener**, *Je n'ai pas de portable et ne veux pas en avoir.*

- Attention, **ni** peut aussi être la version courte de **ni siquiera**, *même pas* : **Ni me ha contestado**, *Il ne m'a même pas répondu.*

1 Complétez ces phrases avec une de ces quatre conjonctions : *y, e, o, u.*

a. No sé cuántos vamos a ser: siete ...... ocho.

b. Lo he intentado una ...... otra vez pero no es posible.

c. No me importa que sea por una ...... otra razón: me has decepcionado.

d. ¿Dónde prefieres que nos sentemos: aquí ...... allí?

e. Te detesto: eres hipócrita ...... insensible.

f. Me pregunto si eres serio ...... si te estás burlando de mí.

g. Francia ...... Italia tienen mucho en común.

h. Tú ...... yo ya no somos amigos.

2 Traduisez ces phrases.

a. No he visto esta película ni me interesa.

→ ……………………………………

b. Ni me hables de ella.

→ ……………………………………

c. No he leído el libro ni visto la adaptación.

→ ……………………………………

d. No es buena ni mala.

→ ……………………………………

e. No tengo ni tiempo para ir al cine.

→ ……………………………………

f. No tengo tiempo ni ganas de ir al cine.

→ ……………………………………

g. No tiene ni idea de cine.

→ ……………………………………

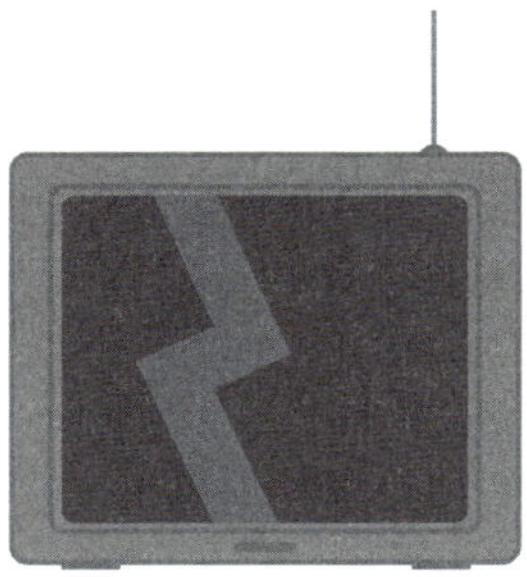

La traduction de « mais »

- **Pero**, *mais*, devient **sino** si la phrase qui le précède est négative :

  – **Es listo pero vago**, *Il est malin mais paresseux.*
  – **No está cansado sino enfermo**, *Il n'est pas fatigué mais malade.*

- Lorsque *mais* relie deux verbes, on utilise toujours **pero** si la première phrase est affirmative :

  – **Es listo pero no trabaja mucho**, *Il est malin, mais il ne travaille pas beaucoup.*

- Lorsque la 1re phrase est négative, les choses deviennent subtiles. Si la 2e phrase limite ou nuance la portée de la première, c'est **pero** ; si la 2e affirmation prend le contre-pied du 1er verbe, c'est **sino que** :

  – **No es listo pero tiene memoria**, (= Il n'est pas intelligent, mais ce n'est pas grave, il a de la mémoire).

  – **No es listo sino que tiene memoria**, (= Je ne suis pas d'accord, il n'est pas intelligent, il a juste de la mémoire).

- Dans la tournure *non seulement… mais aussi*, on utilisera toujours **sino** (ou bien **sino que** devant un verbe).

3 *Pero, sino* ou *sino que* ? Cochez la bonne traduction de « mais ».

	PERO	SINO	SINO QUE
a. No solo entiende el chino … lo habla.	☐	☐	☐
b. Tener dinero no te hace feliz … te ayuda a hacer la compra.	☐	☐	☐
c. Lo que cuenta no es lo que tienes … lo que eres.	☐	☐	☐
d. No es un lobo … un perro salvaje.	☐	☐	☐
e. Es guapa … no es inteligente.	☐	☐	☐
f. No te pido que corras una maratón … camines un poco.	☐	☐	☐

« Car », « donc » et les trois valeurs de *pues*

- **Pues** est un mot délicat à manier, qui change de sens selon le contexte et la place qu'il occupe dans la phrase. En début de phrase, il peut être une locution interjective correspondant à *eh bien* :
  - **Pues no sé qué decirte**, *Eh bien, je ne sais pas quoi te dire.*
  - **¡Pues decídete!**, *Eh bien, décide-toi !*
- Placé entre deux propositions, **pues** a une valeur causale et signifie *car*. Par contre, si **pues** se situe après les premiers mots de la phrase (verbe, sujet ou mot important), il a un sens consécutif et se traduit par *donc* :
  - **Me gusta el plátano pues no tiene hueso**, *J'aime la banane car elle n'a pas de noyau.*
  - **Soy pues un gran consumidor de plátanos**, *Je suis donc un grand consommateur de bananes.*

* Je parle chinois.

4 **Pour traduire les phrases ci-dessous, remettez dans l'ordre les mots de chaque forme géométrique. Attention à la place de *pues* dans la phrase.**

pues con Coge el avión el tren tiempo no llegarás a

soluciones: tres Hay pues avión. coche tren, o

pues He ordenador la la cansa pantalla el dejado vista me

tren Pues el gusta no te coge si el avión

la me Pues una yo acuesto nunca antes de

que pues Tiene estos tomarse comprimidos

a. Eh bien, prends le train si tu n'aimes pas l'avion !

→ ....

b. Eh bien moi, je ne me couche jamais avant 1 heure.

→ ....

c. Vous devez donc prendre ces comprimés.

→ ....

d. Il y a donc trois solutions : le train, la voiture ou l'avion.

→ ....

e. Prends l'avion car avec le train tu n'arriveras pas à temps.

→ ....

f. J'ai arrêté l'ordinateur car l'écran me fatigue les yeux.

→ ....

La préposition *a* en espagnol : la valeur spatiale

- La valeur spatiale de **a** pose régulièrement problème aux francophones ; **a** (expression du mouvement) s'oppose en effet à **en** (expression de la fixité), alors que le français utilise aussi bien *à* que *en* pour l'un ou l'autre état :
  - **Voy a España con frecuencia**, *Je vais en Espagne fréquemment.*
  - **Voy a Madrid**, *Je vais à Madrid.*
  - **Vivo en París**, *Je vis à Paris.*
  - **Estoy en Francia**, *Je suis en France.*
- Parfois, l'idée de mouvement est implicitement contenue dans un verbe ou un nom. Le **a** espagnol apparaît alors là où le français emploie une autre préposition, ou parfois aucune :
  - **Subo al avión**, *Je monte dans l'avion.*
  - **Vengo a pedirte algo,** *Je viens te demander quelque chose.*

5 Traduisez les phrases suivantes.

a. J'ai des amis aux États-Unis.

➜ ....

b. J'ai étudié à Séville.

➜ ....

c. J'ai beaucoup de réunions en Espagne.

➜ ....

d. Je retourne en Espagne cet été.

➜ ....

e. Pourquoi es-tu venu en Argentine ?

➜ ....

f. Je suis arrivée en Patagonie.

➜ ....

6 Complétez la traduction de ces phrases.

a. Je sors acheter le pain.

→ Salgo ....

b. Les feuilles tombent par terre.

→ Las hojas caen .... suelo.

c. Je fais le tour du monde.

→ Doy la vuelta ....

d. Cours l'avertir !

→ ¡ .... avisarla!

e. Monte dans ta chambre !

→ ¡Sube .... !

f. Traduis-moi ce texte en anglais.

→ Tradúceme este texto ....

g. Approche-toi de la fenêtre.

→ Acércate ....

La préposition *a* en espagnol : le sentiment porté

- Les expressions qui indiquent le sentiment que nous inspire telle ou telle chose (« l'amour de… », « la crainte de… », « le dégoût de… », etc.) font souvent appel en espagnol à la préposition **a** :
  - **El amor al arte**, *l'amour de l'art.*
  - **El miedo a la muerte**, *la peur de la mort.*
- Il ne faut pas confondre ces tournures avec le complément de nom standard (sans connotation de sentiment porté) ni avec le complément de nom dit « subjectif » :
  - **La fuerza del caballo**, *la force du cheval.*
  - **El miedo del enemigo**, *la peur de l'ennemi* (celle que l'ennemi éprouve), est à distinguer de **El miedo al enemigo** (celle que l'ennemi m'inspire).

7 Complétez avec les prépositions *a (al)* ou *de (del)*.

a. El poder .... dinero es grande pero no infinito.

b. No entiendo el amor .... dinero.

c. El respeto .... público es la primera virtud del artista.

d. Este artista solo busca la admiración .... público.

e. El agradecimiento .... los alumnos es la recompensa del profesor.

f. El agradecimiento .... los profesores ha ido desapareciendo.

g. Hay que educar a los niños en el rechazo .... la violencia.

h. Las personas mayores necesitan el cariño .... los demás.

Le régime prépositionnel des verbes

- Il y a deux grandes différences entre le français et l'espagnol dans la construction du complément d'objet direct : en espagnol, lorsque celui-ci représente une personne, il est précédé de la préposition **a**, et lorsque le complément d'objet direct est un infinitif, il se construit directement, sans la préposition **de** :

  – **Veo a un amigo,** *Je vois un ami.*

  – **He decidido irme,** *J'ai décidé de partir.*

- Pour le reste, savoir avec quelle préposition se construit tel ou tel verbe est une affaire d'usage, qu'il faut donc retenir.

8 Traduisez ces phrases. Le verbe principal est donné entre parenthèses.

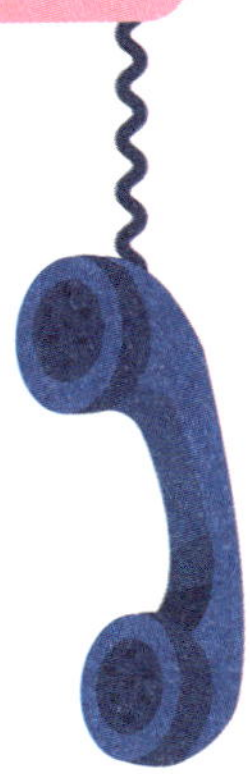

a. Il me propose d'aller au cinéma. **(proponer)** → ....

b. Je te promets de t'aider. **(prometer)** → ....

c. J'ai oublié de t'appeler. **(olvidar)** → ....

d. Il essaye d'apprendre l'espagnol. **(intentar)** → ....

9 Trouvez la préposition associée à la construction de chaque verbe espagnol, ou cochez la première case s'il se construit sans préposition.

	ø	a	con	de	en	por
avancer de ➜ **adelantar…**						
comparer à ➜ **comparar…**						
compter sur ➜ **contar…**						
croire à ➜ **creer…**						
faire attention à ➜ **tener cuidado…**						
grossir de ➜ **engordar…**						
hésiter à ➜ **vacilar…**						
menacer de ➜ **amenazar…**						
oser ➜ **atreverse…**						
penser à ➜ **pensar…**						
refuser de ➜ **negarse…**						
rêver de ➜ **soñar…**						
se déguiser en ➜ **disfrazarse…**						
s'intéresser à ➜ **interesarse…**						

10 À l'aide du tableau que vous avez rempli, traduisez les phrases suivantes.

a. Ta montre avance de dix minutes. ➜ ....

b. Compte sur moi. ➜ ....

c. J'ai grossi de deux kilos. ➜ ....

d. Je n'ose pas lui parler. ➜ ....

e. Il refuse de m'aider. ➜ ....

f. Je rêve de visiter l'Andalousie. ➜ ....

Bravo, vous êtes venu à bout du chapitre 7 ! Il est maintenant temps de comptabiliser les icônes et de reporter le résultat en page 128 pour l'évaluation finale.

8

Les semi-auxiliaires et la traduction de « devenir »

Haber et tener

- **Haber** est un auxiliaire. Il sert à construire tous les temps composés :
  – **He comido**, *J'ai mangé.*
  – **Habías salido**, *Tu étais sorti.*
  – **Habríamos venido**, *Nous serions venus.*
  – **Temo que haya hablado**, *Je crains qu'il ait parlé.*
- Sous la forme particulière **hay,** il signifie *il y a*. Aux autres temps, on utilise la 3e personne régulière du singulier de **haber** : **había**, *il y avait* ; **habrá**, *il y aura* ; **hubo**, *il y eut*, etc.
- **Tener** est un verbe ; il exprime la possession. Cependant, on peut parfois également le trouver dans le rôle d'un semi-auxiliaire. Cette utilisation (où le participe passé s'accorde au mot complément) est fréquente en espagnol ; elle est comme un passé composé enrichi d'une intention particulière (insistance, accomplissement, durée...) :
  – **He recorrido Andalucía**, *J'ai parcouru l'Andalousie* (affirmation neutre).
  – **Tengo recorrida Andalucía**, *J'ai bien parcouru l'Andalousie* (idée d'achèvement).
  – **Te he prometido una carta**, *Je t'ai promis une lettre.*
  – **Te tengo prometida una carta**, *Je t'ai promis une lettre* (sous-entendu « depuis un bon moment » : idée de durée).

1 Cochez la bonne traduction de ces phrases. Attention, il y a des temps composés, mais aussi des voix passives et de simples tournures adjectivales ou participiales.

a. Elle est partie.
- ☐ Se ha ido.
- ☐ Está ida.
- ☐ Es ida.

b. Il y avait du monde ?
- ☐ ¿Estaba gente?
- ☐ ¿Había gente?
- ☐ ¿Era gente?

c. Nous sommes montés.
- ☐ Estamos subidos.
- ☐ Hemos subido.
- ☐ Somos subidos.

d. Il a été expulsé.
- ☐ Ha habido expulsado.
- ☐ Está habido expulsado.
- ☐ Ha sido expulsado.

e. J'étais déprimé.
- ☐ Estaba deprimido.
- ☐ Había deprimido.
- ☐ Era deprimido.

f. Tu lui as écrit ?
- ☐ ¿Le eres escrito?
- ☐ ¿Le estás escrito?
- ☐ ¿Le has escrito?

2 **Reformulez ces phrases en utilisant la périphrase étudiée.**

a. Grabamos todas las canciones de Bisbal.

➜ ....

b. ¿Guardas mis cartas?

➜ ....

c. El médico me dice que no coma tanto.

➜ ....

d. Olvidáis a la familia.

➜ ....

e. Escriben muchos libros.

➜ ....

f. Hago el testamento.

➜ ....

Les autres périphrases verbales courantes

- Au lieu de **estar**, on peut trouver **andar**, qui fait un gros plan sur le présent (on parle d'un moment, d'une période précise) :

  – **Anda triste**, *Il est tout triste en ce moment.*

- Avec **resultar** au lieu de **ser**, on insiste sur l'effet ou le résultat (on sous-entend qu'il y a un enchaînement de circonstances qui a précédé) :

  – **Resulta increíble**, *C'est proprement incroyable.*

- **Quedar** a la même valeur, mais il remplace **estar** et non **ser**. Il s'applique ainsi aux états psychologiques. Il donne également une nuance définitive au passif résultatif :

  – **He quedado estupefacta**, *J'ai été stupéfaite.*

  – **Queda abierta la sesión**, *La séance est ouverte.*

- **Traer** à la place de **tener** permet de décrire des personnes (habillement, expression…). Ici encore, on constate dans le présent le résultat de circonstances antérieures :

  – **Traes mala cara,** *Tu as mauvaise mine aujourd'hui* (sous-entendu « que s'est-il passé ? »).

3 Dans chacune de ces phrases, le verbe souligné peut être remplacé par l'un des semi-auxiliaires vus dans la leçon. Écrivez le bon entre les crochets.

a. La fidelidad de ciertos animales es [.......................................] conmovedora.

b. Estuvieron [.......................................] encantados con su visita a Madrid.

c. El acento de algunos españoles me es [.......................................] incomprensible.

d. Tenéis [.......................................] aspecto de haber pasado mala noche.

e. Tienes [.......................................] la camisa arrugada y sucia.

f. Estuvo [.......................................] muy deprimido después de su operación.

g. Está [.......................................] sin trabajo actualmente.

4 Complétez ces titres de presse par l'un des semi-auxiliaires au présent.

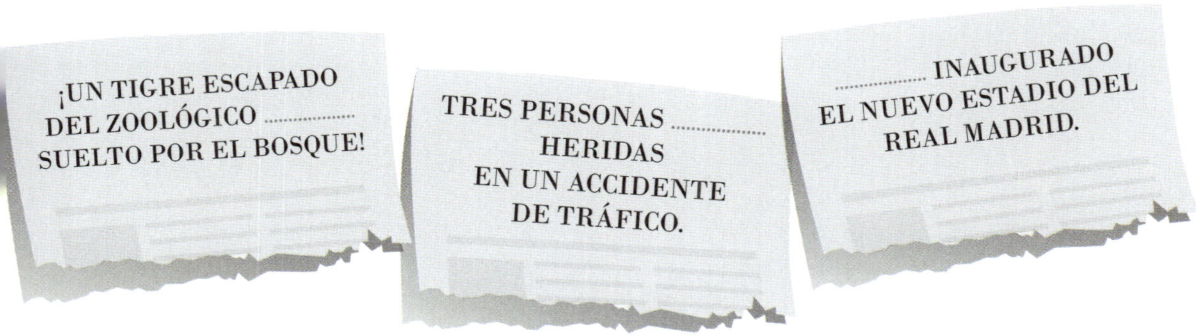
¡UN TIGRE ESCAPADO DEL ZOOLÓGICO .... SUELTO POR EL BOSQUE!

TRES PERSONAS .... HERIDAS EN UN ACCIDENTE DE TRÁFICO.

.... INAUGURADO EL NUEVO ESTADIO DEL REAL MADRID.

5 Traduisez ces phrases en utilisant les semi-auxiliaires.

a. Je suis très fatigué dernièrement.

→ ....

b. Nous avons été très satisfaites, merci.

→ ....

c. Pourquoi as-tu le nez rouge ?

→ ....

d. Cette situation est très désagréable.

→ ....

Les traductions de « devenir » (1)

- La traduction de *devenir* dépend du type de transformation que l'on envisage et du mot qui suit. Avec un adjectif, on utilise **ponerse** ou **volverse**. On dit traditionnellement que **ponerse** désigne une transformation passagère et **volverse** une métamorphose durable :
  - **Me pongo colorado**, *Je rougis* (sous-entendu « je deviens rouge, sur le moment »).
  - **Con el tiempo uno se vuelve desconfiado,** *Avec le temps, on devient méfiant.*
- Mais cette distinction utile n'est pas vraie à 100 % (par exemple, on dira **¡Qué alto te has puesto!**, *Comme tu as grandi !*, alors que la transformation n'est ni passagère ni réversible). En fait, **ponerse** renvoie à **estar** et **volverse** à **ser** :
  - **Mi corazón se pone triste contemplando la ciudad**, *Mon cœur devient triste en contemplant la ville.* ➜ **Mi corazón está triste.**
  - **Mi vida se ha vuelto triste sin ti**, *Ma vie est devenue triste sans toi.* ➜ **Mi vida es triste.**
- Équivalent de **volverse**, on trouve aussi **hacerse**, et on peut souvent indifféremment employer l'un ou l'autre. **Hacerse** suppose parfois une intervention volontaire dans le changement, et une notion de durée :
  - **Se ha vuelto rica de pronto**, *Elle est subitement devenue riche.*
  - **Se ha hecho rica con sus canciones**, *Elle est devenue riche avec ses chansons.*

6 Complétez ces phrases en utilisant les verbes *ponerse*, *volverse* ou *hacerse*, conjugués aux temps indiqués entre crochets.

a. Yo siempre .... enfermo en invierno. **[présent]**

b. ¡Pero qué tonterías dices! ¿.................................... imbécil? **[passé composé]**

c. Mucha gente .... conformista con la edad. **[présent]**

d. Esta película .... interminable. **[présent]**

e. Paco .... muy viejo desde el año pasado. **[passé composé]**

f. Este artista .... famoso a fuerza de trabajo. **[passé composé]**

7 Traduisez ces phrases en utilisant l'un des trois semi-auxiliaires étudiés.

a. Les dents des fumeurs deviennent jaunes. ➜ ....

b. Le ciel est devenu très gris. ➜ ....

c. Ces longs dîners deviennent insupportables. ➜ ....

d. Il est devenu très gros. ➜ ....

e. Elle est devenue intolérante. ➜ ....

Les traductions de « devenir » (2)

- Lorque *devenir* est suivi d'un nom, **ponerse** (qui renvoie à **estar**) devient impossible. Restent **hacerse** et **volverse**, qui gardent les valeurs déjà vues : **volverse** indique un retournement radical ; **hacerse** précise que ce changement est volontaire et recherché (on l'utilise par exemple pour un choix professionnel) :
  – **Se ha vuelto una persona importante**, *Il est devenu une personne importante.*
  – **Se ha hecho cocinero**, *Il est devenu cuisinier.*
- Ce n'est pas fini ! L'espagnol est très riche en semi-auxiliaires… **Convertirse en** est un équivalent de **volverse**, pratiquement interchangeable (avec parfois une nuance d'effort continu) :
  – **Se ha convertido en un gran futbolista**, *Il est devenu un grand footballeur.*
- **Llegar a ser** signifie également *devenir*, avec une idée de difficulté et de consécration :
  – **Llegó a ser ministro**, *Il est devenu ministre.*

8 Reformulez ces phrases à l'aide d'une périphrase verbale de sens équivalent.

a. España se ha convertido en el destino preferido de los franceses.
➜ ....

b. El amor se convirtió en odio.
➜ ....

c. Objetos cotidianos a veces se vuelven obras de arte.
➜ ....

d. Por la noche el conde Vlad se volvía vampiro.
➜ ....

9 **Complétez les phrases suivantes avec l'un des semi-auxiliaires étudiés, conjugué à la forme qui convient.**

a. Es muy amable, ... amigo con todos.

b. Papá, quiero .... bombero.

c. Le costó trabajo pero .... abogado.

d. Te pasas la vida en España: ¿por qué no .... español?

« Que deviens-tu ? »

- Et puis, pour finir, on peut aussi employer « devenir » de manière absolue, sans attribut. C'est alors une expression toute faite : **¿Qué** (**ser de** conjugué) + nom, prénom ou pronom personnel **?**
  – **¿Qué es de Antonio?**, *Que devient Antonio?*

10 **Voici quatre situations où vous allez pouvoir employer la structure vue dans cette leçon. Nous vous donnons les questions en français ; traduisez-les et écrivez-les dans la bulle qui convient.**

Que vais-je devenir ? Qu'est-il devenu ? Que devenez-vous ? Que deviens-tu ?

a. Mi mujer me ha dejado.
....

b. ¡Cuánto tiempo sin veros!
....

c. ¡Hombre, qué sorpresa!
....
....

d. Me gustaba mucho aquel actor.
....

Bravo, vous êtes venu à bout du chapitre 8 ! Il est maintenant temps de comptabiliser les icônes et de reporter le résultat en page 128 pour l'évaluation finale.

Lexique et lecture 2 : alimentation et commerces

Faire les courses

- Savoir utiliser **ser** ou **estar** à bon escient procure une grande satisfaction, mais lorsque l'on fait son marché, il peut être par exemple plus utile de savoir nommer les produits. Bien entendu, on peut toujours les montrer du doigt au vendeur, ou grogner pour dire que l'on veut une échine de porc. Mais c'est peu pratique...
- Rayon fruits, gare aux faux-amis. **La fruta**, au singulier, désigne collectivement *les fruits* (**una fruta**, avec l'article indéfini, signifie *un fruit*). **Fruto** au masculin a un sens abstrait (**el fruto del trabajo**, *le fruit du travail*) ou s'emploie pour **los frutos secos**, *les fruits secs*. Rayon légumes, piège à nouveau ! Ne confondez pas **las verduras**, *les légumes verts*, et **las legumbres**, *les légumes secs*.

1 **Assemblez convenablement les syllabes pour écrire les noms de ces sept fruits secs.**

a. b. c. d. e. f. g.

hue tes ces
ave chos ana sas
dras hue dos caca
men car ta pa nas
lla pis al

a. las ....

b. los ....

c. los ....

d. los ....

e. las ....

f. las ....

g. las ....

2 **Ajoutez les consonnes manquantes afin de former le nom de chaque fruit.**

a. une pomme

una [ ] [a] [ ] [ ] [a] [ ] [a]

b. une poire

una [ ] [e] [ ] [a]

c. une mangue

un [ ] [a] [ ] [ ] [o]

d. un citron

un [ ] [i] [ ] [ó] [ ]

e. une orange

una [ ] [a] [ ] [a] [ ] [ ] [a]

f. un avocat

un [a] [ ] [u] [a] [ ] [a] [ ] [e]

g. un melon

un [ ] [e] [ ] [ó] [ ]

h. une prune

una [ ] [i] [ ] [u] [e] [ ] [a]

i. un ananas

una [ ] [i] [ ] [a]

3 Retrouvez dans la grille (verticalement, horizontalement ou en diagonale) le nom des légumes sur la photo, puis écrivez-les dans la case correspondante.

C	A	R	P	O	Ñ	A	N	C	A
H	O	C	E	B	O	L	L	A	L
I	R	L	P	R	E	C	A	L	C
P	I	M	I	E	N	T	O	A	A
U	S	U	N	F	J	Y	S	B	C
E	T	R	O	C	L	U	Z	A	H
R	E	T	A	T	I	O	D	C	O
R	O	A	L	L	A	S	R	í	F
O	B	E	R	E	N	J	E	N	A
Z	A	N	A	H	O	R	I	A	X

a. la ……………………

b. el ……………………

c. la …………… verde

d. el ……………………

e. el ……………………

f. la ……………………

g. la ……………………

h. el ……………………

i. la ……………………

j. la ……………………

4 Dans chaque étiquette se trouvent dans le désordre les syllabes de deux noms de produits photographiés ci-dessous. Saurez-vous dire lesquels ?

jubas blandías hacas

gardías banjutas pinzos

sanguijas lenteste

a. las ……………………
y las ……………………

b. las ……………………
y los ……………………

c. los ……………………
y las ……………………

5 Légendez la photo avec le nom des produits représentés.

a. ……………………

b. ……………………

c. ……………………

d. ……………………

e. ……………………

f. ……………………

Quiproquos alimentaires

Au bar ou au restaurant, rien n'est simple, et surtout pas ce qui semble l'être... Demandez un **sándwich**, par exemple, dans l'espoir de vous caler solidement, et vous vous retrouverez tristement devant deux fines tranches de pain de mie... Il fallait demander un **bocadillo**, pour un *sandwich au pain*. Gare aux soupes et aux salades également !

6 Associez les termes espagnols à leur traduction française.

... salade de fruits ... salade verte ... salade composée ... salade russe

7 Associez les plats espagnols à leur définition.

... Bouillon enrichi de vermicelles (ou de riz), pouvant contenir des morceaux de viande ou de légumes non moulinés.

... Ragoût de légumes, verts et secs, agrémenté d'œufs et de morceaux de morue.

... Soupe moulinée de pommes de terre, légumes verts (poireaux, carottes) ou secs (pois chiches, lentilles).

... Bouillon de cuisson de légumes ou de poulet, servi tel quel, sans accompagnement.

Les courses, les mesures et les conditionnements

Pour faire les courses, maîtrisez-vous le nom des emballages et des conditionnements (paquet, sachet, canette...) ? Et puis un grain de sucre, une tranche de jambon, un morceau de fromage... **Madre mía**, que de mots !

8 **Voici des mots espagnols pour exprimer la forme que peut prendre un produit. Placez chacun des mots ci-dessous au bon endroit.**

una tableta - una rodaja - un trozo - una pizca - un terrón - una rebanada - una cucharada
una bolsa - un bote - una botella - una lata - un paquete - una loncha - una raja

a. .... de sal
b. .... de mermelada
c. .... chorizo
d. .... de melón
e. .... de chocolate
f. .... de jamón
g. .... de queso
h. .... de espaguetis
i. .... de vino
j. .... de azúcar
k. .... de pan
l. .... de atún
m. .... de patatas fritas
n. .... de sopa

9 **Reconstituez cette scène de marché en replaçant les mots manquants.**

barato - trozos - pescadera - pescado - pollo - calladita - sopa - curiosa - entero

– Buenos días, preciosa, cada día estás más guapa.
– Hola, Lola. Hoy necesito el mejor ....
– ¿Quieres hacer ...., eh?
– Sí, quiero cuatro .... de rape.
– ¿Quieres un rape ....? Resulta más ....
– De acuerdo, ponme también doce gambas.
– ¿Doce? Son muchas para la sopa...
– De segundo haré .... con gambas. ¡Qué .... eres!
– ¡Reina, es mi oficio! ¿Te imaginas una ....?

Teresa Meix Prunes, *Encuentro en Barcelona*.

Bravo, vous êtes venu à bout du chapitre Lexique et lecture 2 ! Il est maintenant temps de comptabiliser les icônes et de reporter le résultat en page 128 pour l'évaluation finale.

9

La valeur des temps

Futur et futur proche

- Avec les mêmes nuances d'usage qu'en français, l'espagnol dispose de deux formes pour exprimer les événements à venir : le futur et le futur proche. Le premier se forme sur l'infinitif, auquel on ajoute les terminaisons issues de l'auxiliaire avoir ; le second recourt à la périphrase **ir a** + infinitif :

  – **El año próximo aprenderé español**, *L'année prochaine, j'apprendrai l'espagnol.*

  – **Este año voy a aprender español**, *Cette année, je vais apprendre l'espagnol.*

- Les irrégularités sont relativement rares et portent seulement sur le radical. Douze verbes sont concernés : **caber**, **decir**, **haber**, **hacer**, **poder**, **poner**, **querer**, **saber**, **salir**, **tener**, **valer**, **venir**.

1 Les phrases ci-dessous sont conjuguées au futur proche, transformez-les au futur simple.

Modèle : Este fin de semana voy a visitar Granada. → El año que viene visitaré Granada.

a. Vais a hacer un bonito viaje de novios.

→ Una vez casados, ... un bonito viaje de novios.

b. Te voy a decir la solución.

→ Haz el problema tú solo y luego te .... la solución.

c. Vas a poder conducir un coche la semana próxima.

→ A los 18 años, ... conducir un coche.

d. Este año mis hijos van a tener buenas calificaciones.

→ Si estudian, mis hijos .... buenas calificaciones.

2 Les phrases données ci-dessous sont au futur simple, transformez-les au futur proche.

a. Esta tarde cruzaremos el Guadalquivir.

→ Ahora mismo .... el Guadalquivir.

b. Después de comer, querrá café?

→ ¿.. café enseguida?

c. Mañana juega el Barça. ¿Verás el partido?

→ Son las nueve. ¿.. el partido?

d. Habrá mucha gente si viene a cantar Bisbal.

→ .... mucha gente esta noche, canta Bisbal.

Futur antérieur et valeur hypothétique du futur

- À côté du futur simple espagnol, il existe – comme en français – un futur antérieur. Il se construit avec l'auxiliaire **haber** au futur, suivi du participe passé :
  – **Pienso que habré terminado el trabajo mañana**, *Je pense que j'aurai fini mon travail demain.*
- Comme vous le savez, le futur espagnol peut avoir une valeur hypothétique. Celle-ci concerne aussi le futur antérieur :
  – **¿Cuanto costará un coche así?**, *Combien peut bien coûter une voiture comme ça ?*
  – **Habrá tenido un problema**, *Il a dû avoir un problème.*

3 Un crime a eu lieu. L'enquêteur français se pose cinq questions. Formulez-les en espagnol au futur simple (ou au futur antérieur) hypothétique pour compléter les bulles.

1. Que s'est-il passé ? **2.** Qui est l'assassin ? **3.** Où se trouve l'arme du crime ?
4. La victime s'est-elle défendue ? **5.** Que se sont dit la victime et l'assassin ?

a. ¿.. la víctima?

b. ¿Quién........................ el asesino?

c. ¿Qué..............................?

d. ¿.. el arma del crimen?

e. ¿.............................. la víctima y el asesino?

Morphologie des temps du passé

- Rappelons qu'à l'imparfait, il y a deux modèles de terminaison :

  – **cantaba, cantabas, cantaba, cantábamos, cantabais, cantaban**
  – **comía, comías, comía, comíamos, comíais, comían**

Et seulement trois verbes irréguliers (**ser, ir** et **ver**)

- Au passé simple, les terminaisons régulières sont :

  – **canté, cantaste, cantó, cantamos, cantasteis, cantaron**
  – **comí, comiste, comió, comimos, comisteis, comieron**

- 15 verbes (dits passés simples forts) ont des radicaux et des terminaisons irrégulières (**tener**, **estar**, **hacer**, **poder**, etc.). Exemple :

  – **tuve, tuviste, tuvo, tuvimos, tuvisteis, tuvieron** (Exceptions : **decir, ser** et **ir**, qui ont une 3e personne du pluriel en **-eron**).

- Deux groupes de verbes ont des irrégularités particulières à la 3e personne :

  – les verbes à affaiblissement et à alternance (**pidió, pidieron ; sintió, sintieron ; murió, murieron**)
  – Les verbes en **-er** et **-ir** précédés d'une voyelle (**leer: leyó**, **leyeron**; **oír: oyó**, **oyeron**).

4 Complétez ce tableau des conjugaisons de l'imparfait.

Infinitif	Yo	Tù	Él, ella, usted	Nosotros, nosotras	Vosotros, vosotras	Ellos, ellas, ustedes
	creía			creíamos	creíais	
ver		veías				veían
			se sentaba	nos sentábamos		se sentaban
	era		era			eran
ir		ibas				

5 Voici 30 formes conjuguées correspondant à 10 verbes différents.
Barrez les formes qui ne peuvent en aucun cas être des prétérits.

llegué — quisiste — creyeron — puso — volví

queráis — dijéramos — dijiste — fui — quiso — dijisteis

fuera — sentí — durmieron — llegue — llego — dormiste

podamos — sintiera — fueron — volviera — podemos

sintieron — pudimos — volvieron — creísteis

puse — creáis — durmió — pusierais

Valeurs de l'imparfait, du passé composé et du passé simple

- L'imparfait espagnol a les mêmes valeurs qu'en français (action continue, action habituelle, temps de la description). Il n'y a donc pas de problème de correspondance entre les langues.
- Le passé composé espagnol a le même usage qu'en français ; il désigne l'action qui s'est déroulée dans une période de temps non révolue, et celle dont les conséquences sont encore présentes :

  – **He trabajado mucho esta mañana**, *J'ai beaucoup travaillé ce matin.*

  – **Gracias por el dinero que me has prestado**, *Merci pour l'argent que tu m'as prêté.*
- Le passé simple espagnol exprime une action passée achevée, dont on ne considère plus le lien avec le présent. C'est un temps usuel à toutes les personnes, alors qu'en français il se cantonne, dans l'usage, à la langue littéraire et au récit d'événements historiques. On emploie couramment à sa place le passé composé :

  – **El pueblo de París tomó la Bastilla en 1789**, *Le peuple de Paris prit la Bastille en 1789.*

  – **¿Cuándo murió tu abuelo?**, *Quand est-ce que ton grand-père est mort ?*

6 ***¡No soy yo!*** **Ce n'est pas moi ! Voici la phrase de base pour vous disculper. Mais si le reproche porte sur un événement antérieur, il faudra utiliser le passé composé :** ***No he sido yo*** **(littéralement : « Je n'ai pas été moi »). Pour élaborer votre panoplie du parfait innocent, traduisez les phrases suivantes au passé composé.**

a. Je n'ai rien cassé !

→ ....

b. Je n'ai rien fait !

→ ....

c. Je n'ai rien vu !

→ ....

d. Je n'ai rien entendu !

→ ....

e. Je n'ai rien dit !

→ ....

f. Je n'ai rien volé !

→ ....

7 **Voici quelques lignes d'une entrevue donnée par Ana María Matute (1925-2014), dont nous avons supprimé les verbes. L'auteure y évoque son premier roman. Placez les verbes à l'infinitif ci-dessous au bon endroit, en les conjuguant au passé simple ou à l'imparfait.**

recibir — ser — tener — escribir — decir — presentarse — ser — tener

.... mi primera novela, *Pequeño teatro*, en un cuaderno cuadriculado. Sólo .... diecisiete años y, sin pensarlo dos veces, ... en la editorial Destino con mi manuscrito. Después de esperar unos cuantos días, me .... Ignacio Agustí, que .... muy amable conmigo y me .... que lo primero que .... que hacer .... pasar la novela a máquina.

Marie-Lise Gazarian-Gautier, *Ana María Matute: La voz del silencio.*

Les temps composés du passé

- Comme le français, l'espagnol possède deux autres temps composés du passé : le passé antérieur et le plus-que-parfait :
  - **Cuando lo hubo contado todo, se hizo un gran silencio**, *Quand il eut tout raconté, un grand silence se fit.*
  - **No me lo creía, nunca habia visto nada semejante**, *Je n'y croyais pas, je n'avais jamais rien vu de semblable.*
- Leur usage est courant, mais l'espagnol, bien souvent, préfère les temps simples aux temps composés. Il arrive donc que le passé simple prenne la valeur d'un passé antérieur ou d'un plus-que-parfait :
  - **Cuando lo contó todo, se hizo un gran silencio**, *Quand il eut tout raconté, un grand silence se fit.*
  - **No me lo creía, nunca vi nada semejante**, *Je n'y croyais pas, je n'avais jamais rien vu de semblable.*

8 Traduisez ces phrases en veillant aux nuances des temps espagnols.

a. Se había gastado el dinero que le di.

➜ ....

b. En cuanto terminó el café, pidió la cuenta.

➜ ....

c. Se había olvidado de lo que le dijimos.

➜ ....

9 Conjuguez la forme soulignée à un temps équivalent dans la phrase.

a. Perdona, no te <u>reconocí</u> ....

b. ¿No me <u>habías dicho</u> .... que te ibas de fin de semana?

c. No me <u>acordé</u> .... de que teníamos cita.

10 Ces deux phrases illustrent la valeur particulière que peuvent prendre les verbes *deber* et *poder* au passé simple. Traduisez-les.

a. No debiste hacerlo. ➜ ....

b. ¿No pudiste callarte? ➜ ....

Bravo, vous êtes venu à bout du chapitre 9 ! Il est maintenant temps de comptabiliser les icônes et de reporter le résultat en page 128 pour l'évaluation finale.

10

Les temps dans la phrase complexe

Le futur dans la subordonnée

- Pour parler des événements à venir en espagnol, il faut utiliser, nous venons de le voir, le futur ou le futur proche : **comeré**, *je mangerai* ; **voy a comer**, *je vais manger*. Ce n'est pas différent du français. Mais lorsque ces événements sont rapportés dans une proposition subordonnée, il faut faire attention.
- On utilise le futur, comme en français, dans les complétives et les interrogatives indirectes :
  - **Creo que tendremos sol**, *Je crois que nous aurons du soleil.*
  - **Me pregunto cómo terminará todo esto**, *Je me demande comment tout cela finira.*
  - **No sé si será posible**, *Je ne sais pas si ce sera possible.*
- En revanche, le futur s'exprime par le subjonctif dans la subordonnée de temps (subjonctif passé s'il s'agit du futur antérieur) :
  - **Iremos a pasear cuando haya sol**, *Nous irons nous promener quand il y aura du soleil.*
  - **Llámame cada vez que puedas**, *Appelle-moi chaque fois que tu le pourras.*
  - **Cuando hayas terminado, dímelo**, *Quand tu auras fini, dis-le moi.*

1 Cochez la bonne traduction pour chaque phrase.

a. Viens me voir quand tu voudras.
- ☐ Ven a verme cuando quieras.
- ☐ Ven a verme cuando querrás.

b. J'ignore à quelle heure partira le train.
- ☐ Ignoro a qué hora saldrá el tren.
- ☐ Ignoro a qué hora salga el tren.

c. Nous pensons qu'il t'aidera.
- ☐ Pensamos que te ayude.
- ☐ Pensamos que te ayudará.

d. Explique-moi comment tu le feras.
- ☐ Explícame cómo lo harás.
- ☐ Explícame cómo lo hagas.

e. Je t'appellerai le jour où je le déciderai.
- ☐ Te llamaré el día en que lo decida.
- ☐ Te llamaré el día en que lo decidiré.

f. Je sais pourquoi il acceptera.
- ☐ Sé por qué acepte.
- ☐ Sé por qué aceptará.

g. Au moment où il sortira, avertis-moi.
- ☐ En el momento en que saldrá, avísame.
- ☐ En el momento en que salga, avísame.

h. Tant que je serai là, tu ne manqueras de rien.
- ☐ Mientras esté aquí, no te faltará nada.
- ☐ Mientras estaré aquí, no te faltará nada.

2 Reformulez les phrases suivantes en utilisant le futur.

a. Haces errores porque no sabes las conjugaciones.

→ Cuando .... las conjugaciones, ya no .... errores.

b. Siempre llegas tarde porque no te pones el despertador.

→ El día en que .... el despertador, ya no .... tarde.

c. No sabes lo que piensa porque no has hablado con él.

→ Cuando .... con él,.................................... lo que piensa.

d. No traigo un perro a casa porque no te veo decidido.

→ El día en que te .... decidido, ...
un perro a casa.

La concordance des temps

- Lorsque le verbe de la subordonnée est à l'indicatif, la concordance des temps se fait comme en français :

Verbe principal au présent

– **Piensa que es un buen amigo,**
Il pense que c'est un bon ami.

– **Cree que le ayudará,**
Il croit qu'il l'aidera.

– **Dice que me ha prestado dinero,**
Il dit qu'il m'a prêté de l'argent.

Verbe principal au passé

– **Pensó que era un buen amigo,**
Il pensa que c'était un bon ami.

– **Creía que le ayudaría,**
Il croyait qu'il l'aiderait.

– **Decía que me había prestado dinero,**
Il disait qu'il m'avait prêté de l'argent.

- Lorsque le verbe subordonné est au subjonctif, l'espagnol applique rigoureusement la concordance, le subjonctif imparfait n'ayant rien de désuet :

Indicatif présent (principale)
→ Subjonctif présent (subordonnée)

– **No quiere que lo sepa su mujer,**
Il ne veut pas que sa femme le sache.

– **Se esconde para que no se entere,**
Il se cache pour qu'elle ne l'apprenne pas.

Indicatif passé (principale)
→ Subjonctif imparfait (subordonnée)

– **No quiso que lo supiera su mujer,**
Il ne voulut pas que sa femme le sût.

– **Se escondía para que no se enterara,**
Il se cachait pour qu'elle ne l'apprît pas.

3 **Vous vous souvenez du petit extrait de l'entrevue donnée par Ana María Matute ? Voici la suite. Imaginez-la au présent et inscrivez à côté ses dix verbes en tenant compte des règles de concordance.**

La llevé otra vez a Destino con unos nervios terribles y pensando que ya no se acordarían de mí. Me volvió a recibir Ignacio Agustí, que me dijo que la leerían y que me contestarían pronto. Salí pensando que no me harían ni caso, que sólo habían sido buenas palabras de un hombre que era muy educado.

Marie-Lise Gazarian-Gautier, *Ana María Matute : La voz del silencio.*

1. ……
2. ……
3. ……
4. ……
5. ……
6. ……
7. ……
8. ……
9. ……
10. ……

4 **Réécrivez ces phrases en mettant le verbe principal au passé simple et en faisant bien attention aux concordances nécessaires.**

a. Ana María presenta su novela para que se la publiquen.

➜ ……

b. La joven no cree que la vayan a publicar.

➜ ……

c. La chica quiere que el editor lea su manuscrito.

➜ ……

d. El editor le pide que la pase a máquina y la vuelva a llevar.

➜ ……

Style direct et style indirect

- Le style direct reproduit tels quels les propos tenus par une personne : il y a deux points et des guillemets par exemple, ou alors un tiret (c'est la norme espagnole). Dans le style indirect, une voix rapporte ce qui a été dit ; il y a donc un verbe principal déclaratif et une subordonnée qui rapporte le discours :
  - **Tienes que escribir tu novela a máquina -explica el editor**, *Tu dois écrire ton roman à la machine, explique l'éditeur.*
  - **El editor explica que tiene que escribir su novela a máquina**, *L'éditeur lui explique qu'elle doit écrire son roman à la machine.*
- Les changements sont les mêmes qu'en français ; ils concernent la personne du verbe, le possessif et la concordance des temps si le verbe déclaratif est au passé :
  - **El editor explicó que tenía que escribir su novela a máquina**, *L'éditeur lui expliqua qu'elle devait écrire son roman à la machine.*

5 **Complétez l'amorce pour reformuler ce passage au style indirect, en faisant les concordances au présent :** ***Unos cinco días más tarde fui al estanco a comprar folios y cinta para mecanografiar mi novela y al salir me lo encontré cara a cara.***

Ana María cuenta que ....

....

....

6 **Complétez l'amorce pour reformuler ce passage au style indirect, en faisant les concordances au passé :** ***Unos cinco días más tarde fui al estanco a comprar folios y cinta para mecanografiar mi novela y al salir me lo encontré cara a cara.***

Ana María contó que ....

....

....

7 **Complétez la reformulation de cette phrase au style indirect :** ***Me dijo: "Señorita Matute, he leído su novela, está muy bien. Se la he dado a leer a mis compañeros y a todos les ha gustado. Por cierto, ¿cuántos años tiene usted?"***

Me dijo que .... novela y que .... muy bien. Añadió que .... compañeros y que a todos ....

Para terminar me preguntó que ....

Particularités du style indirect en espagnol

- Pour donner un ordre au style indirect, le français utilise l'infinitif (*je te dis de…*) et l'espagnol le subjonctif (**te digo que…**). Si l'amorce est au passé, il faut une concordance au subjonctif imparfait :
  - **El médico le dice: "Levántate"**, *Le médecin lui dit : « Lève-toi. »*
  - **El médico le dice que se levante**, *Le médecin lui dit de se lever.*
  - **El médico le decía que se levantara**, *Le médecin lui disait de se lever.*
- Attention aux règles de concordance dans la subordonnée temporelle ; le subjonctif présent devient subjonctif imparfait si le verbe principal est au passé :
  - **El médico le afirma: "Cuando estés buena podrás salir"**, *Le médecin lui affirme : « Quand tu seras guérie, tu pourras sortir. »*
  - **El médico le afirmó que cuando estuviera buena podría salir**, *Le médecin lui affirma que quand elle serait guérie, elle pourrait sortir.*

8 **Reformulez les phrases situées dans les bulles au style indirect en complétant les amorces.**

a. Me recordó que cuando ……………………………………………

b. Me pidió que cuando ……………………………………………

c. Me dijo que cuando ……………………………………………

d. Me dijo que en cuanto ……………………………………………

e. Me pidió que el día en que ……………………………………………

9 Reformulez au style direct ces quelques phrases.

La madre le dijo a su hijo que se levantara enseguida, que ya era hora y que iba muy retrasado. Que hiciera la cama y por favor se diera un poquito de prisa. Gritó que ya estaba harta de que la llamaran del colegio diciéndole que su hijo siempre llegaba tarde a clase.

"¡ .... enseguida! ¡Ya .... hora y .... muy retrasado! .... la cama y por favor .... un poquito de prisa. ¡¡Ya .... harta de que .... del colegio .... hijo siempre .... tarde a clase!!

10 Et voici la fin de la petite histoire du premier roman d'Ana María Matute… *Final feliz.* Reformulez-la au style indirect en suivant les amorces proposées.

> Él dijo: "Muy bien, pues pase usted el martes, porque vamos a publicarla. Nos ha impresionado mucho. Venga con su padre, porque usted no es mayor de edad y tendrá que firmar el contrato."
>
> Marie-Lise Gazarian-Gautier, *Ana María Matute: La voz del silencio.*

Él dijo que muy bien, que .... el martes, porque .... a publicarla. Confesó que .... mucho y me pidió que .... padre porque no .... mayor de edad y .... que firmar el contrato.

Bravo, vous êtes venu à bout du chapitre 10 ! Il est maintenant temps de comptabiliser les icônes et de reporter le résultat en page 128 pour l'évaluation finale.

Quelques clés de l'espagnol 3

L'espagnol et l'arabe : sept siècles de cohabitation

En 711, Tariq ibn Ziyad traverse le détroit de Gibraltar, à la tête d'une dizaine de milliers de soldats : c'est le début de la grande conquête musulmane, qui poussera en quelques années ses armées jusqu'à Poitiers en 732. L'Espagne conquise couvre au début la presque totalité de la péninsule : la longue et fluctuante **Reconquista** (*Reconquête)*, partie du nord, ne prendra fin qu'en 1492 avec la prise de Grenade.

Sept siècles de cohabitation, de conflits et d'échanges ont laissé des traces dans la langue espagnole et même dans la toponymie : Gibraltar, c'est *djebel Tarik*, « la montagne de Tarik » ; le Guadalquivir, c'est *oued-el-kbir*, « le grand fleuve », et ainsi de suite.

L'Espagne musulmane est une civilisation avancée, héritière des textes et des connaissances de l'Antiquité : son apport à la science, à l'organisation politique, au commerce et à l'agriculture se lit dans les 4000 termes qu'elle a légués à la langue espagnole. Ces mots commencent souvent par **al-** ou **a-**, qui sont la trace de l'article arabe : **alcalde**, al-qadi, *le maire* ; **aceite**, az-zit, *l'huile*...

1 **Dans la grille se trouvent 22 mots espagnols d'origine arabe. Pour la compléter, traduisez les mots donnés ci-dessous.**

Horizontal
I. Oreiller.
II. Citron.
III. Mal de tête.
IV. Espadrille.
V. Cercueil.
VII. Sirop (alimentaire).
VIII. Riz.
X. Tapis.
XII. Goudron.
XIV. Coton.
XV. Gilet.
XVIII. Boulette de viande.

Vertical
1. Échecs (jeu).
3. Maçon.
5. Olive. Kiosque.
7. Sucre.
9. Safran.
12. Tirelire. Magasin (dépôt).
14. Almanach.
17. Orange.

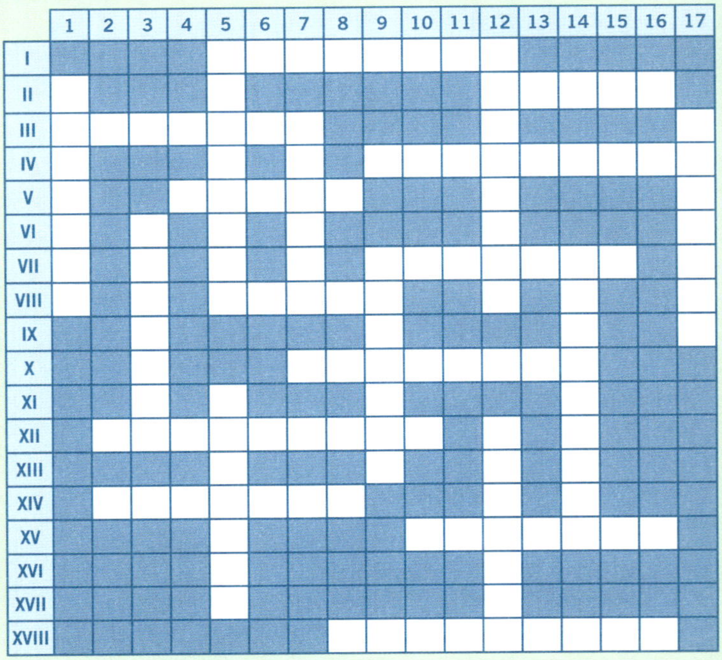

Les faux-amis

Au moins aussi fidèles que les vrais, les faux-amis seront toujours à vos côtés… Ils sont nombreux, les bougres : plusieurs centaines assurément. Alors, ne relâchez pas vos efforts !

2 **Replacez les mots des étiquettes dans le tableau.**

fer à repasser — príncipe — salir — jubilación — manche — retarder — nombre — bagages — ensuciar — toilettes — número — tache — planche — parrilla — principe — residir — tripulación — grillo

	Le mot espagnol…	signifie…	et non pas…	qui se dit…
a.	demorar		demeurer	
b.		grillon	grill	
c.	mancha			manga
d.		prénom	nombre	
e.	plancha			tabla
f.		prince		principio
g.	retrete		retraite	
h.		sortir	salir	
i.	equipaje		équipage	

Quelques verbes pièges

- Traduire mentalement avant de parler est un réflexe qui va ralentir votre débit, mais c'est surtout un réflexe optimiste et trompeur : à un mot français correspondent parfois plusieurs mots ou des constructions différentes. Prenons l'exemple de trois verbes courants : *remercier*, *plaindre*, *regretter*.
- Attention aux constructions de **agradecer** et **dar las gracias** :
  - **Te doy las gracias**, *Je te remercie.*
  - **Te doy las gracias por lo que has hecho** ou **Te agradezco lo que has hecho**, *Je te remercie pour ce que tu as fait.*
- Attention à *plaindre* et *se plaindre* :
  - **Te compadezco** ou **Me compadezco de ti**, *Je te plains.*
  - **Me quejo**, *Je me plains.*
- Attention au sens de *regretter* :
  - **Lamento lo ocurrido**, *Je regrette ce qu'il s'est passé* (contrariété).
  - **Me arrepiento de lo que he hecho**, *Je regrette ce que j'ai fait* (remords).
  - **Echo de menos España**, *Je regrette l'Espagne* (nostalgie).

3 Cochez la bonne traduction.

a. Tu dois remercier ta grand-mère.

- ☐ Tienes que agradecer a tu abuela.
- ☐ Tienes que darle las gracias a tu abuela.

b. Tu me remercieras un jour pour mon aide.

- ☐ Un día me agradecerás mi ayuda.
- ☐ Un día me agradecerás por mi ayuda.

c. Ne me remercie pas !

- ☐ ¡No me agradezcas!
- ☐ ¡No me des las gracias!

d. Je veux te remercier pour ton attitude.

- ☐ Quiero darte las gracias por tu actitud.
- ☐ Quiero agradecerte tu actitud.

4 Traduisez les phrases suivantes.

a. Ne te plains pas !

→ ....

b. Tu es toujours en train de te plaindre.

→ ....

....

c. Ne me plains pas !

→ ....

d. Tu es toujours en train de me plaindre.

→ ....

....

5 **Cochez les phrases correctement rédigées.**

- ☐ Te arrepiento.
- ☐ Echo de menos que te hayas ido.
- ☐ Lamento que te hayas ido.
- ☐ Te echo de menos.
- ☐ No me arrepiento de nada.
- ☐ Te lamento.

Les comparaisons farfelues

En réunion, qu'il soit accoudé au bar, assis à table ou discutant à haute voix dans la rue, l'Espagnol aime à ponctuer ses discours de blagues (**chistes**) et de bons mots, censés égayer la compagnie. La comparaison farfelue occupe une place de choix dans cet espagnol conversationnel. Un exemple : pour s'en prendre à un individu pénible, on lui dira **Eres más pesado que una vaca en brazos,** *T'es plus lourd qu'une vache tenue à bout de bras.*

Il y en a des centaines ainsi. Certaines sont classiques et le jeu consiste alors à les placer au bon moment ; d'autres sont créées en situation. Goûter à cette joute verbale méditerranéenne fait aussi partie de l'apprentissage de la langue et pouvoir y participer est le fin du fin…

6 **Que diriez-vous dans les situations suivantes ? Complétez les comparaisons à l'aide des étiquettes ci-dessous.**

…Tarzán en corbatas.

…la pata de un romano.

…una escopeta de feria.

…el caballo del malo.

…una piraña en un bidet.

…un garbanzo en la boca de un viejo.

a. **[À propos d'un danger.]** Tiene más peligro que ....

b. **[À propos d'une personne lente.]** Es más lento que ....

c. **[Si quelqu'un ou quelque chose bouge trop.]** Se mueve más que ....

....

d. **[Si une personne se trompe souvent, si une machine ne fonctionne pas bien.]** Falla más que ....

e. **[Face à un radin.]** Gasta menos que ....

f. **[Pour dire que l'on est très occupé.]** Estoy más liado que ....

Les formules rimées

La langue populaire est, on vient de le voir, un actif laboratoire d'invention verbale... Pour faire face avec humour à telle ou telle situation, il y a aussi les formules rimées, très courantes dans la conversation.

La rime joue souvent sur des noms et des prénoms (par simple goût pour l'euphonie, il n'y a pas de sens à chercher dans le mot qui rime). **¡Toma del frasco, Carrasco!**, *Tiens, prends-toi ça !* (littéralement : « *Prends dans le flacon, Carrasco !* ») ou : **¡Qué nivel, Maribel!**, *Quel niveau, Maribel !*, qui à la lettre aurait un sens admiratif (*Classe !*), mais qui s'utilise surtout pour se moquer justement d'un manque de distinction.

7 Comment réagiriez-vous du tac au tac dans les situations suivantes ? Associez une situation (lettre) à une formule rimée (chiffre).

a. ... Das por concluida una actividad o una conversación.

b. ... Para reprocharle a alguien que no entienda nada.

c. ... A una persona que ha fracasado en algo.

d. ... Te burlas de una persona pretenciosa.

e. ... A una persona que llama la atención a voces.

f. ... Te quejas de una situación o de una persona penosa.

g. ... Adivinas lo que una persona hace a escondidas.

h. ... Te vas de una reunión.

1. Evaristo que te he visto.
2. Me las piro, vampiro.
3. ¡Qué cruz, Maricruz!
4. ¿De qué vas, Bitter Kas?
5. A otra cosa, mariposa.
6. ¡Que no te enteras, Contreras!
7. La cagaste, Burt Lancaster.
8. Menos gritos, Milagritos.

Bravo, vous êtes venu à bout du chapitre Quelques clés de l'espagnol 3 ! Il est maintenant temps de comptabiliser les icônes et de reporter le résultat en page 128 pour l'évaluation finale.

11 Exprimer le temps dans la phrase

Aspects de la subordonnée de temps

- Voyons, à part **cuando**, les différentes conjonctions de subordination temporelles. **Antes de que** se construit, comme en français, avec le subjonctif :
  - **Antes de que salga el sol, ya estaré en la playa**, *Avant que le soleil ne se lève, je serai déjà sur la plage.*

antes de que *(avant que)*
hasta que *(jusqu'à ce que)*
mientras *(tant que)*
siempre que *(chaque fois que)*
conforme *(à mesure que)*
después de que *(après que)*
en cuanto *(dès que)*
tan pronto como *(dès que)*

- **Hasta que** se construit avec l'indicatif ou le subjonctif :
  - **Canté hasta que me dijeron que callara**, *J'ai chanté jusqu'au moment où l'on m'a dit de me taire* (ce moment a eu lieu = indicatif).
  - **Cantaré hasta que me digan que me calle**, *Je chanterai jusqu'à ce que l'on me dise de me taire* (ce moment n'a pas eu lieu = subjonctif).
- Les autres conjonctions se construisent avec l'indicatif si l'on envisage le présent ou le passé, ou au subjonctif si l'on envisage le futur :
  - **En cuanto canto flamenco, la gente se va**, *Dès que je chante du flamenco, les gens s'en vont.*
  - **En cuanto cantaba flamenco, la gente empezaba a irse**, *Dès que je chantais du flamenco, les gens commençaient à partir.*
  - **En cuanto cante flamenco, la gente saldrá corriendo**, *Dès que je chanterai du flamenco, les gens partiront en courant.*

1 **Écrivez le verbe *salir* à la forme qui convient dans les phrases suivantes.**

a. Tan pronto como Penélope Cruz .... , los periodistas la perseguían.

b. Tan pronto como Penélope Cruz .... , los periodistas la perseguirán.

c. Tan pronto como Penélope Cruz .... , los periodistas la persiguieron.

d. Tan pronto como Penélope Cruz .... , los periodistas la persiguen.

2 **Introduisez dans chaque phrase le verbe entre parenthèses, conjugué à la forme qui convient.**

a. Saca al perro antes de que .... más nervioso. **(ponerse)**

b. No hagas nada hasta que yo te lo .... **(decir)**

c. El perro no ladró hasta que no .... en la calle. **(estar)**

d. Mientras .... dinero siempre hubo amigos cerca de él. **(tener)**

e. Mientras .... amigos seré feliz. **(tener)**

f. Siempre que .... a tu madre, salúdala de mi parte. **(ver)**

g. Conforme .... la noche, las calles se iban vaciando. **(avanzar)**

h. En cuanto la .... , supe que era la mujer de mi vida. **(ver)**

i. En cuanto .... a España, te sorprenderán los horarios. **(llegar)**

j. Siempre que .... , me tomaba un chocolate en el café Gijón. **(poder)**

k. Conforme .... creciendo, entenderás muchas cosas. **(ir)**

« Toujours » et « encore »

- « Toujours » peut, tout d'abord, simplement se traduire par **siempre**, c'est son sens le plus immédiat :

  – **Siempre me dices lo mismo**, *Tu me dis toujours la même chose.*

- Mais attention aux cas où il signifie « encore », au sens d'une situation qui se prolonge. Il peut alors se rendre par **todavía** ou **aún**, mais aussi **seguir** + gérondif :

  – **¿Todavía confías en él?**, *Tu as encore confiance en lui ?*

  – **¿Aún crees que es inocente?**, *Tu crois encore qu'il est innocent ?*

  – **¿Sigues creyendo en su inocencia?**, *Tu crois encore à son innocence ?*

- Attention également à « encore » quand il signifie qu'une situation se répète. On a alors plusieurs possibilités, mais pas **todavía** ni **aún** :

  – **Me ha engañado otra vez / Me ha vuelto a engañar / Me ha engañado una vez más**, *Il m'a encore trompé.*

3 **Traduisez les phrases suivantes.**

a. L'Espagne a encore gagné !

➜ ....

b. Je ne suis pas encore allé voir ce film.

➜ ....

c. Il t'a encore appelé ce matin.

➜ ....

d. C'est une bonne amie, on peut toujours compter sur elle.

➜ ....

e. Je ne l'aime pas : il est toujours de mauvaise humeur.

➜ ....

f. Tu n'es toujours pas prêt ?

➜ ....

g. Tu l'aimes toujours ?

➜ ....

Date et durée

- « Depuis » permet d'exprimer aussi bien la date à laquelle une action a débuté (« depuis le 10 septembre ») que la durée écoulée depuis son début (« depuis un an »). Attention, car l'espagnol dispose de plusieurs formules.
- Pour dater, on utilise simplement **desde** :
  - **Estoy casado desde julio**, *Je suis marié depuis juillet.*
  - **Trabajo en esta empresa desde el 1 de octubre**, *Je travaille dans cette entreprise depuis le 1er octobre.*

- Pour rendre compte d'une durée, on peut utiliser **hace** ou **desde hace** :
  - **Estoy casado desde hace un año**, *Je suis marié depuis un an.*
  - **Hace un año que estoy casado**, *Ça fait un an que je suis marié.*

4 Ajoutez *desde* ou *desde hace* dans les phrases suivantes.

a. No he tomado vacaciones .... un año.

b. Vivo en Andalucía .... mucho tiempo.

c. No he vuelto a ver el mar .... el verano pasado.

d. No sale de casa .... una semana.

e. .... que lo conozco, siempre tiene el mismo coche.

f. .... ayer no para de llamarme al móvil.

g. Está hablando por teléfono .... una hora.

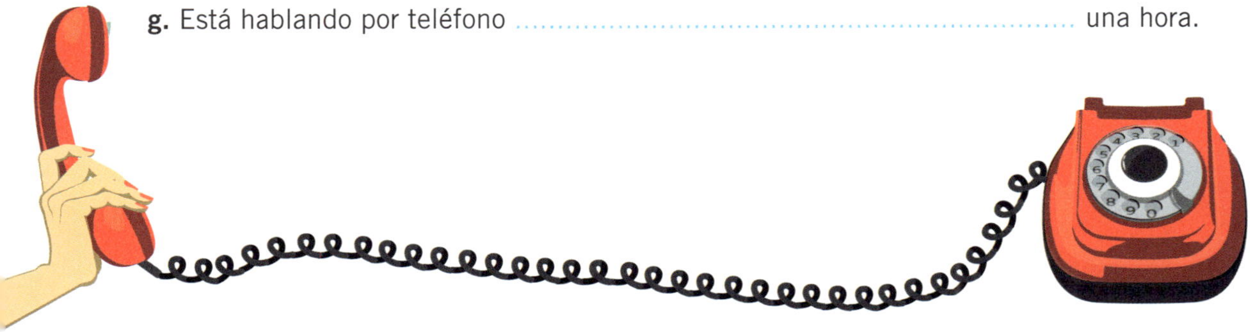

Llevar, pour exprimer la durée

- **Llevar** entre dans un certain nombre de périphrases verbales qui permettent d'exprimer la durée. Lorsqu'un verbe est impliqué, on utilise **llevar** + gérondif du verbe :
  – **Llevo un año trabajando aquí**, *Je travaille ici depuis un an.*
- Vous trouverez également **llevar** sans gérondif, simplement associé à un participe ou à un adjectif (**estar** est sous-entendu) :
  – **Llevo tres días resfriado**, *Ça fait trois jours que je suis enrhumé.*
- Enfin, lorsque l'idée de durée porte sur une forme négative, il existe une tournure très idiomatique : **llevar** + expression de la durée + **sin** + infinitif :
  – **Llevo seis meses sin trabajar**, *Je ne travaille pas depuis six mois.*

5 **Exprimez la durée autrement, en vous servant de la périphrase verbale donnée dans la leçon ci-dessus.**

a. Hace una eternidad que quiero invitarte.

→ ....

b. Abusas de mi paciencia desde hace mucho tiempo.

→ ....

c. ¿Cuánto tiempo hace que esperáis?

→ ....

6 **Exprimez la même idée autrement, en utilisant la formule donnée dans cette leçon.**

a. Está deprimido desde hace una temporada.

→ ....

b. Estás debajo del agua desde hace una hora.

→ ....

c. Estoy casado desde hace un año.

→ ....

7 **Exprimez la durée d'une autre manière dans les phrases ci-dessous.**

a. Hace una semana que no la veo.

→ ....

b. No hemos ido a España desde hace cinco años.

→ ....

c. Hace un siglo que no saben nada de él.

→ ....

8 **Traduisez les phrases suivantes, en utilisant les formules données dans cette leçon.**

a. Ça fait un an qu'il ne m'a pas écrit.

→ ....

b. Ça fait dix jours que nous ne savons rien de toi.

→ ....

c. Je ne fais pas de sport depuis longtemps.

→ ....

Quelques façons de se situer dans le temps

- De nombreux termes permettent de se situer précisément dans la journée : **de madrugada**, *au petit matin* ; **a media mañana**, *à mi-matinée*, etc.Vous pouvez aussi vous repérer dans des unités de temps plus vastes : la semaine, le mois, l'année, voire le siècle. Retenez ces formules :
  - **<u>A principios</u> de la semana**, *Au début de la semaine.*
  - **<u>A mediados</u> del año 2000**, *Vers le milieu de l'an 2000.*
  - **<u>A finales</u> del siglo veinte**, *À la fin du xxe siècle.*

- Il est également possible de prendre l'âge comme repère :
  - **<u>A los</u> dieciséis años, escribió un libro de poesías**, *À 16 ans, il écrivit un livre de poèmes.*

9 Traduisez les phrases suivantes.

a. J'ai vécu en Argentine jusqu'à mes 18 ans.

→ ....

b. À 2 ans, je savais compter jusqu'à dix.

→ ....

c. Vers 9 mois, un bébé commence à dire « maman ».

→ ....

d. J'aime la musique du milieu des années 1980.

→ ....

e. Je suis né à la fin des années 1950.

→ ....

Bravo, vous êtes venu à bout du chapitre 11 ! Il est maintenant temps de comptabiliser les icônes et de reporter le résultat en page 128 pour l'évaluation finale.

12

La condition et la concession

La subordonnée conditionnelle de base : *si...*

- **Si** peut tout d'abord exprimer le potentiel (condition réalisable ou réalisée dans le passé). On utilise dans ce cas les temps de l'indicatif :

  – **Si no trabajo, me aburro**, *Si je ne travaille pas, je m'ennuie.*

  – **Si no trabajaba, me aburría**, *Si je ne travaillais pas, je m'ennuyais.*

- Si la condition n'est pas réalisable sur le moment, on emploie le subjonctif imparfait dans la subordonnée et le conditionnel dans la principale : c'est l'irréel du présent.

  – **Si no trabajara, me aburriría**, *Si je ne travaillais pas, je m'ennuierais.*

- Si la condition irréalisable concerne le passé, on utilise le plus-que-parfait du subjonctif et le conditionnel passé : c'est l'irréel du passé.

  – **Si no hubiera trabajado, me habría aburrido**, *Si je n'avais pas travaillé, je me serais ennuyé.*

1 Potentiel ou irréel ? Cochez la bonne réponse à côté de chaque phrase.

	POTENTIEL	IRRÉEL
a. Si era tarde, no venía a verme.	☐	☐
b. Si me da tiempo, pasaré.	☐	☐
c. Si fuera posible, lo haría.	☐	☐
d. Si hacía buen tiempo, salía.	☐	☐
e. Si lo vieras, te gustaría.	☐	☐
f. Si pasaras, iríamos al cine.	☐	☐

2 **Conjuguez les verbes proposés entre parenthèses afin de former des conditionnelles à l'irréel du présent.**

a. Si me .... la lotería, ... la vuelta al mundo. (**tocar** / **dar**)

b. Si no .... tanta gente en la playa, me .... (**haber** / **bañarse**)

c. Si Pedro .... más, no .... tan nervioso. (**dormir** / **ponerse**)

d. Si .... mejor tus palabras, no .... eso. (**pensar** / **decir**)

3 **Reformulez les mêmes phrases que dans l'exercice 2 à l'irréel du passé.**

a. ....

b. ....

c. ....

d. ....

Les autres subordonnées conditionnelles

- Toutes les conjonctions étudiées ici se construisent avec le subjonctif.
  - **No le volveré a hablar, a no ser que me pida perdón**, *Je ne lui reparlerai pas, à moins qu'il me demande pardon.*
  - **Te presto este libro siempre y cuando me lo devuelvas**, *Je te prête ce livre, pourvu que tu me le rendes.*
  - **Por poco que estudies aprobarás**, *Pour peu que tu étudies, tu seras reçu.*
  - **Caso de que lo veas, salúdalo,** *Au cas où tu le verrais, salue-le.*
  - **Como me toque la lotería, dejo de trabajar**, *Si jamais je gagne à la loterie, j'arrête de travailler.*

+ subjonctif

a no ser que, a menos que *(à moins que)*
siempre y cuando, con tal que *(pourvu que)*
por poco que *(pour peu que)*
caso de que *(au cas où)*
como *(si jamais, si par hasard)*

- On fera la concordance si la principale est au passé ou au conditionnel :
  - **Como me tocara la lotería, dejaría de trabajar**, *Si jamais je gagnais à la loterie, j'arrêterais de travailler.*

4 Reformulez la subordonnée au moyen d'une conditionnelle introduite par *si*.

a. Por poco que te esfuerces, conseguirás lo que quieras.
Si ...., conseguirás lo que quieras.

b. Como hagas eso, no te vuelvo a dirigir la palabra.
Si ...., no te vuelvo a dirigir la palabra.

c. Te dejo las llaves del coche siempre y cuando seas prudente y no corras.
Te dejo las llaves del coche si ....

d. Os propongo ir de tapas, a no ser que estéis demasiado cansados.
Os propongo ir de tapas, si ....

5 Réécrivez les quatre phrases de l'exercice précédent en utilisant à chaque fois les verbes principaux (*conseguirás, vuelvo, dejo, propongo*) au conditionnel.

a. ....

b. ....

c. ....

d. ....

6 *Como* + subjonctif peut avoir une valeur comminatoire (de menace) : *¡Como te pille, te vas enterar!* (Si je t'attrape, tu vas voir !) Traduisez les menaces suivantes.

a. Si tu ne te tais pas…
→ ....

b. Si tu ne me rends pas mon livre…
→ ....

c. Si tu continues à me demander de l'argent…
→ ....

d. Si vous me mentez…
→ ....

Les périphrases conditionnelles

- La subordonnée infinitive introduite par **de** a une valeur conditionnelle :
  - **De tener dinero, te daría**, *Si j'avais de l'argent, je t'en donnerais.*
  - **De ser cierto lo que dices, sería una gran noticia**, *Si ce que tu dis est vrai, ce serait une grande nouvelle.*
- Le gérondif peut aussi prendre une valeur conditionnelle ; il précède alors obligatoirement le mot qui tient lieu de sujet :
  - **Queriéndolo de verdad, lo conseguirás,** *Si tu le veux pour de bon, tu réussiras.*
  - **Permitiéndolo el tiempo, podríamos ir al campo,** *Si le temps le permet, nous pourrions aller à la campagne.*

7 Reformulez ces phrases conditionnelles avec les deux tournures étudiées.

Si condujeras más despacio, no tendrías tantas multas.

a. ....

b. ....

Si el maestro pusiera mejores notas, los padres dejarían de protestar.

c. ....

d. ....

Si mi padre eligiera una carrera por mí, sería abogado.

e. ....

f. ....

Moi, si j'étais...

- Il existe une tournure conditionnelle elliptique que vous rencontrerez parfois dans la conversation ; on utilise les pronoms personnels (parfois un pronom et un substantif) séparés par **que** :
  - **Yo que tú...,** *Moi, à ta place...*
  - **Yo que vosotros,** *Moi, si j'étais vous...*
  - **Yo que el ministro, dimitiría,** *Moi, si j'étais le ministre, je démissionnerais.*

8 Traduisez ces phrases en utilisant la tournure étudiée précédemment.

a. Si j'étais toi, je me marierais. → ....

b. Si j'étais ton père, je te punirais. → ....

c. Si j'étais eux, je n'irais pas. → ....

d. À votre place, je l'achèterais. → ....

La subordonnée concessive de base : « aunque »

- Lorsque le fait considéré est réel, on emploie l'indicatif, présent ou passé :
  – **Aunque puedo, no le ayudaré,** *Bien que je puisse, je ne l'aiderai pas.*
  – **Aunque podía, no le ayudé,** *Bien que je « pusse », je ne l'ai pas aidé.*
- Lorsque le fait considéré est hypothétique, on emploie le subjonctif. On fait la concordance si la principale l'exige :
  – **Aunque pueda un día, no le ayudaré,** *Même si je peux un jour, je ne l'aiderai pas.*
  – **Aunque pudiera, no le ayudaría,** *Même si je pouvais, je ne l'aiderais pas.*

9 Voici quatre phrases. Parlent-elles d'une pluie réelle ou d'une pluie hypothétique ? Reliez chacune d'elles au petit dessin qui lui correspond.

a. Aunque llueva, iré a pasear.

c. Aunque lloviera, iríamos a pasear.

b. Aunque llovía, iba a pasear.

d. Aunque llueve, vamos a pasear.

Une autre structure concessive

- « Il a beau travailler... », « Tout grand qu'il soit... », « Quelque argent qu'il ait... » : ces tournures concessives françaises ont un peu disparu au profit du simple *bien que*. Leur équivalent espagnol, par contre, est resté très usuel. Il prend trois formes :

  – **Por más** ou **por mucho** lorsque la concession porte sur un verbe :

  Por más que digas... / Por mucho que digas..., *Tu auras beau dire...*

  – **Por muy** lorsqu'elle porte sur un adjectif ou un participe :

  Por muy listo que seas..., *Tout malin que tu sois...*

  – **Por más** ou **por mucho(s) / mucha(s)** lorsqu'elle porte sur un nom :

  Por mucha gente que venga... / Por más gente que venga..., *Il aura beau y avoir du monde...*

- Ces tournures admettent l'indicatif si le fait sur lequel porte la concession est tenu pour vrai :

  – **Por más que dices...**, *Tu as beau dire...* (= tu le dis vraiment).

10 **Cochez la case correspondant au mot manquant (attention : vous devrez parfois cocher plusieurs cases pour une même ligne).**

	más	muy	mucho	muchos	mucha	muchas
a. Por ...... enemigos que tenga...	☐	☐	☐	☐	☐	☐
b. Por ...... problemas que surjan...	☐	☐	☐	☐	☐	☐
c. Por ...... veces que lo pidas...	☐	☐	☐	☐	☐	☐
d. Por ...... que llores...	☐	☐	☐	☐	☐	☐
e. Por ...... enfermo que esté...	☐	☐	☐	☐	☐	☐
f. Por ...... que te escondas...	☐	☐	☐	☐	☐	☐
g. Por ...... deporte que haga...	☐	☐	☐	☐	☐	☐
h. Por ...... amistad que te tengo...	☐	☐	☐	☐	☐	☐
i. Por ...... valiente que parezca...	☐	☐	☐	☐	☐	☐

Bravo, vous êtes venu à bout du chapitre 12 ! Il est maintenant temps de comptabiliser les icônes et de reporter le résultat en page 128 pour l'évaluation finale.

Lexique et lecture 3 : nature et climat

Le nom des animaux

Le taureau, comme on le sait, occupe une place de choix dans l'imaginaire espagnol. La forme de la péninsule elle-même évoque, dit-on, une peau de taureau ouverte : on parle ainsi de **la Piel de toro**, au même titre que l'Hexagone ou la Botte pour l'Italie. Mais il y a bien d'autres bêtes en Espagne, sur la terre comme au ciel… Prêts pour un petit safari lexical ?

1 **Compagnons champêtres des nuits d'été ou bébêtes domestiques, voici nos amis les insectes / *Los insectos*. Jusqu'ici, tout va bien, mais niveau noms, ça se gâte un peu… Remettez les lettres dans le bon ordre afin de retrouver les noms de ces dix insectes, volants ou rampants.**

uêpe ➔ .... abeille ➔ .... mouche ➔ .... moustique ➔ .... papillon ➔ ....

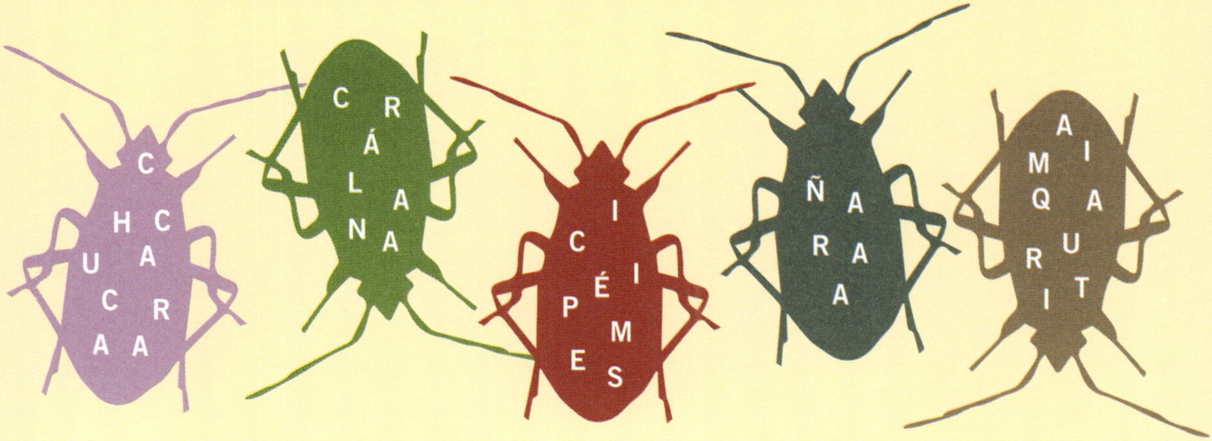

afard ➔ .... scorpion ➔ .... mille-pattes ➔ .... araignée ➔ .... coccinelle ➔ ....

2 **En ce qui concerne le poisson, souvenez-vous qu'il y a deux mots en espagnol : *el pez* (le poisson vivant, dans son élément), et *el pescado* (le poisson pêché, pour la consommation). Complétez chaque phrase avec le terme adéquat.**

a. Quando era niño, tenía un .... rojo.

b. Yo, el .... lo prefiero a la plancha.

c. Buceando en el Caribe se ven .... de todos los colores.

d. Las ballenas no son .... , son mamíferos.

e. ¿Qué comemos hoy, ... o carne?

f. El precio del .... no para de subir.

3 **Assemblez les syllabes ci-dessous pour retrouver la traduction des poissons suivants.**

a. anchois (frais) → ....

b. anchois (conserve) → ....

c. colin → ....

d. chinchard → ....

e. maquereau → ....

ba – mer – ju – que – lla – za – choa – lu – bo – an – ca – rel – rón

4 **Assemblez les syllabes ci-dessous pour retrouver la traduction des oiseaux suivants.**

a – ga – dor – co – lon – ñor – se – vio – go – dra – dri – ta – lon – na – niz – rui

a. mouette → ....

b. hirondelle → ....

c. rossignol → ....

d. caille → ....

e. alouette → ....

5 **Assemblez les syllabes ci-dessous pour retrouver la traduction des animaux suivants.**

a. lapin ➜ ....

b. loup ➜ ....

c. rat ➜ ....

d. souris ➜ ....

e. sanglier ➜ ....

ra ta tón bo lí jo lo ja co ba ne ra

6 **Allez, un petit bonus ! Remettez dans l'ordre les lettres inscrites dans chaque forme et écrivez le nom des animaux suivants.**

a. moineau, merle, perdrix

➜ ....

➜ ....

➜ ....

b. âne, renard, vache

➜ ....

➜ ....

➜ ....

c. morue, thon, lotte

➜ ....

➜ ....

➜ ....

Les expressions animalières

Le langage familier utilise les noms d'animaux dans toutes sortes d'expressions : comme dans une gigantesque fable, nos amies les bêtes se voient ainsi attribuer des valeurs morales, symboliques et poétiques. L'espagnol, grand amateur de phrases toutes faites, « animalise » lui aussi fréquemment sa vision du monde.

7 Choisissez entre les deux animaux proposés en gras pour retrouver l'expression espagnole équivalente.

a. Faire d'une pierre deux coups.
→ Matar dos **elefantes / pájaros** de un tiro.

b. Faire un couac.
→ Soltar un **gallo / conejo**.

c. Être une sainte-nitouche.
→ Ser una **mosquita / culebrita** muerta.

d. Être cinglé.
→ Estar como una **cabra / gallina.**

e. S'ennuyer à mourir.
→ Aburrirse como una **mosca / ostra.**

f. Avoir mauvais caractère.
→ Tener malas **pulgas / vacas.**

g. Il y a anguille sous roche.
→ Hay **perro / gato** encerrado.

8 Quel est le sens de ces expressions animalières espagnoles ?

a. Me ha dado gato por liebre.
☐ Il m'a trompé.
☐ Il m'a échappé.

b. Es perro viejo.
☐ C'est immangeable.
☐ C'est un vieux renard.

c. Pagar el pato.
☐ Ne pas casser trois pattes à un canard.
☐ Payer les pots cassés.

d. Arrimar el ascua a la sardina.
☐ Tirer la couverture à soi.
☐ Être comme un poisson dans l'eau.

e. Hacer el ganso.
☐ Faire l'idiot.
☐ Faire le malin.

f. Dormir la mona.
☐ Se faire discret.
☐ Cuver une cuite.

g. Estar en la edad del pavo.
☐ Être vieux comme Hérode.
☐ Être dans l'âge ingrat.

h. Buscarle tres pies al gato.
☐ Chercher midi à quatorze heures.
☐ Chercher noise.

Monsieur météo…

Le temps qu'il fait, a fait ou fera, inépuisable sujet, occupe aussi en Espagne une place de choix dans la conversation. Jadis, seuls les hommes étaient habilités à tenir le rôle d'oracle météorologique à la télévision, mais on parle désormais aussi bien de **la chica del tiempo** que de **el hombre del tiempo**. Femme ou homme, à vous de jouer…

9 **Voici les prévisions météorologiques pour le jour de Noël en Espagne. Saurez-vous identifier les phénomènes climatiques et les situer dans la géographie espagnole ? À l'aide de la carte et des étiquettes ci-dessous, complétez le bulletin.**

Extremadura – vientos – cubierto – Islas Canarias – Andalucía occidental – mínima – máxima – frío – Tenerife – soleado – calor – Sierra Nevada – despejados – cero – Cataluña – heladas – lluvias – grados – nevará – nuboso

Mañana día 25 de diciembre, hará .... en toda la península excepto en ...., con 13 .... de .... en Sevilla. La .... se la lleva también Andalucía con Granada, donde se registrarán valores por debajo de .... Habrá .... igualmente en Cáceres. El cielo estará .... en Galicia y .... en Euzkadi y .... Los cielos más .... los encontraremos en .... y Baleares. Se esperan fuertes .... en el Norte y el Estrecho. No habrá .... pero en cambio .... en el Sistema central así como en ...., la bien nombrada. De verdad, una Navidad para quedarse en casa... a no ser que vayan a celebrarla a las ....: cielo .... y casi .... , 19 grados. Como dice la canción: ¡ .... tiene seguro de sol!

Bravo, vous êtes venu à bout du chapitre Lexique et lecture 3 ! Il est maintenant temps de comptabiliser les icônes et de reporter le résultat en page 128 pour l'évaluation finale.

13

La proposition relative

Traduction de *qui* et de *que*

qui est le sujet	– **el hombre <u>que</u> habla,** *l'homme qui parle* – **el libro <u>que</u> me gusta,** *le livre qui me plaît*
préposition + *qui*	– **la persona <u>a quien</u>** (ou **<u>a la que</u>**) **me dirijo,** *la personne à qui je m'adresse* – **los amigos <u>en quienes</u>** (ou **<u>en los que</u>**) **confío,** *les amis en qui j'ai confiance*

que, l'antécédent n'est pas une personne	– **el libro <u>que</u> leo,** *le livre que je lis* – **las películas <u>que</u> veo,** *les films que je vois*
que, l'antécédent est une personne	– **la mujer <u>que</u>** (ou **<u>a quien</u>**, ou **<u>a la que</u>**) **quiero,** *la femme que j'aime* – **los escritores <u>que</u>** (ou **<u>a quienes</u>**, ou **<u>a los que</u>**) **aprecio,** *les écrivains que j'apprécie*

démonstratif + *qui* ou *que*	– **es <u>el que</u> está hablando,** *c'est celui qui parle* – **son <u>los que</u> vienen,** *ce sont ceux qui viennent* – **es <u>la que</u> quiero,** *c'est celle que je veux* – **es <u>lo que</u> yo creo,** *c'est ce que je crois*
démonstratif + préposition + *qui*	– **aquel con <u>quien</u> vivo,** *celui avec qui je vis.* – **aquellas de <u>quienes</u> te hablé,** *celles de qui je t'ai parlé.*

1 **Cochez le bon relatif pour chaque phrase (attention, plusieurs réponses sont parfois possibles).**

a. El hombre con … hablaba era mi profesor.

- ☐ el que
- ☐ quien
- ☐ que

b. Tengo unos vecinos … me invitan siempre.

- ☐ quien
- ☐ a quienes
- ☐ que

c. Hay personas … no invitaría en la vida.
- ☐ que
- ☐ a quienes
- ☐ a las que

d. ¿Es tu hijo aquel niño … canta?
- ☐ al que
- ☐ que
- ☐ quien

e. Esto es … hay que hacer.
- ☐ que
- ☐ lo que
- ☐ la que

f. ¿Es tuyo el perro … ladra?
- ☐ quien
- ☐ que
- ☐ el que

2 **Complétez ces phrases avec le relatif qui convient. Vous aurez parfois plusieurs possibilités, et il faudra éventuellement introduire une préposition devant le relatif.**

a. Hay una cosa .... no entiendo.

b. ¿Es tu mujer .... grita?

c. Estos son los amigos .... te he hablado.

d. No hay solución para los problemas .... tienes.

e. La gente .... te quiere a veces te hace sufrir.

f. Conoces muy bien a la persona .... estoy pensando.

g. ¡Son las últimas personas .... quiero ver!

quienes
a los que
la que
lo que
quien
a quienes

Traduction de « lequel »

- Quand il est sujet, *lequel* (*lesquels, laquelle, lesquelles*) se traduit par **el (la) cual**, **los (las) cuales**, quel que soit l'antécédent (personne ou inanimé) :
  - **Mi hijo, el cual tiene ya treinta años, no se decide a trabajar**, *Mon fils, lequel a déjà trente ans, ne se décide pas à travailler.*
  - **Empujé la puerta, la cual estaba abierta,** *Je poussai la porte, laquelle était ouverte.*
- Quand *lequel* est complément du verbe, il se traduit indifféremment par **el (la) cual**, **los (las) cuales** ou **el (la) que**, **los (las) que** :
  - **Hay un momento a partir del que (del cual) es demasiado tarde**, *Il y a un moment à partir duquel il est trop tard.*
  - **Los empresarios para los que (los cuales) trabajo son extranjeros,** *Les entrepreneurs pour lesquels je travaille sont étrangers.*

3 **Introduisez dans chaque phrase la tournure relative qui convient.**

ante la cual | con la que | hacia el que | en las que | con las que | por los que | desde el cual | sin los cuales

a. Ignoro el punto .... se dirige.

b. Es el cuarto .... se tiene la mejor vista.

c. Es una decisión .... nadie quisiera encontrarse.

d. Las personas .... tengo verdadera amistad son muy pocas.

e. Son cuestiones delicadas, ... no quiero pensar de momento.

f. La izquierda es la mano .... prefiero dibujar.

g. Son libros esenciales, ... no podrás estudiar.

h. Los motivos .... no te quiero ver son los siguientes.

Traduction de « dont »

- « Dont » est un pronom relatif complément qui remplace une construction introduite par « de » : Je te parle d'un homme ➜ L'homme dont je te parle. Deux cas se présentent, selon que « dont » est complément d'un verbe, d'un adjectif ou d'un nom.

« dont » est complément d'un verbe ou d'un adjectif	
l'antécédent est une chose	– **el libro del que** (ou **del cual**) **te hablo,** *le livre dont je te parle* – **los goles de los que** (ou **de los cuales**) **el futbolista está orgulloso,** *les buts dont le footballeur est fier*
l'antécédent est une personne	– **las amigas de quienes** (ou **de las que, ou de las cuales**) **me acuerdo,** *les amies dont je me souviens* – **la persona de quien** (ou **de la que**, ou **de la cual**) **estoy enamorado,** *la personne dont je suis amoureux*

- Prenons maintenant la phrase : « Le siège du passager est situé entre les rangées une et dix. » « Passager » est complément du nom « siège ». Pour reformuler cette phrase avec le relatif « dont », il faut utiliser cette formule : « passager » + **cuyo** + « siège » (**cuyo** s'accordant avec le nom qui suit) :

  – **Los pasajeros cuyo asiento se sitúa entre la fila uno y diez...,** *Les passagers dont le siège est situé entre les rangées une et dix...*

4 Pourriez-vous utiliser le relatif *cuyo(s)* ou *cuya(s)* dans les phrases suivantes ?

	OUI	NON
a. C'est une chose dont je suis sûr.	☐	☐
b. C'est une personne dont j'oublie toujours le prénom.	☐	☐
c. C'est quelqu'un dont je ne veux rien savoir.	☐	☐
d. C'est un résultat dont je suis satisfait.	☐	☐
e. C'est quelqu'un dont j'ignore l'adresse.	☐	☐
f. C'est un film dont il est difficile de prévoir la fin.	☐	☐

5 Quel(s) relatif(s) conserveriez-vous dans les phrases suivantes ? Barrez la ou les propositions fautives.

a. No conozco a las chicas [**cuyas** / **de las que** / **de quienes**] me hablas.

b. El equipo [**cuyo** / **cuyos** / **del que**] jugadores prefiero es el Atlético de Madrid.

c. La casa [**cuyas** / **de las que** / **de la cual**] ventanas están cerradas es la de mi tío.

d. Es un trabajo [**cuyo** / **del que** / **del cual**] ya estoy cansado.

e. Es una persona [**cuya** / **de quien** / **de la cual**] no puedo quejarme.

f. No es un plato [**cuyo** / **del que** / **de quien**] soy fanático.

6 Traduisez les phrases suivantes.

a. C'est une histoire dont je n'ai pas entendu parler.

→ ....

b. C'est une histoire dont je ne sais rien.

→ ....

c. C'est une histoire dont je n'aime pas les personnages.

→ ....

d. C'est une histoire dont la fin est surprenante.

→ ....

Traduction de « dont » (cas particuliers)

- *Dont*, en tant que complément de nom, se traduit par **cuyo**, sauf lorsque ce nom est précédé d'un article indéfini. On passe alors par **del** (**de la, de los, de las**) **que / cual(es)**. Distinguez donc ces deux phrases :
  - **Es Paco, un amigo cuyo hijo está en la cárcel,** *C'est Paco, un ami dont le fils est en prison.*
  - **Es Paco, un amigo del que un hijo está en la cárcel,** *C'est Paco, un ami dont un fils est en prison.*

- Même chose lorsque *dont* est complément d'un numéral ou d'un pronom quantificateur.
  - **Eran diez, de los cuales tres (ou algunos) iban enmascarados,** *Ils étaient dix, dont trois (ou certains) étaient masqués.*

7 Traduisez les phrases suivantes ; utilisez *cuyo* lorsque c'est possible.

a. C'est une équipe dont plusieurs joueurs sont internationaux.

→ ....

b. Il a trois filles, dont deux étudient aux États-Unis.

→ ....

c. C'est l'artiste dont il est un imitateur.

→ ....

d. J'ai un ami dont le père est ministre.

→ ....

e. C'est un professeur dont je n'ai rien appris.

→ ....

f. C'est quelqu'un dont j'ai connu l'existence hier.

→ ....

Autour d'une phrase célèbre…

- **En un lugar de la Mancha, de cuyo nombre no quiero acordarme…**, *Dans un village de la Manche, dont je ne veux me rappeler le nom…* : cette phrase, la première de *Don Quichotte*, est assurément la plus célèbre de toute la littérature espagnole. Mythe à part, vous remarquerez que le relatif **cuyo** est ici précédé de la préposition : **de**.
- Rien ne s'y oppose en effet. La phrase, déroulée, serait : **No quiero acordarme del nombre de un lugar de la Mancha** (le groupe complément de nom est lui-même précédé de **del**). Sur le même principe, avec une autre préposition, on pourrait par exemple avoir :

  – **Andalucía, en cuyas playas me gusta bañarme, tiene un clima privilegiado,** *L'Andalousie, dans les plages de laquelle j'aime me baigner, a un climat privilégié.*

  Mais vous voyez alors qu'il n'est plus possible ici de traduire **cuyo** par *dont…*

8 Reformulez les phrases ci-dessous en suivant le modèle fourni.

Modèle : Carmen me vuelve loco. Muero por sus ojos. → Carmen, por cuyos ojos muero, me vuelve loco.
Carmen me rend fou. Je meurs pour ses yeux. → Carmen, pour les yeux de qui je meurs, me rend fou.

a. Carmen era mi gran amor. Hubiera querido refugiarme en sus brazos.

→ Carmen, ..., era mi gran amor.

b. Carmen nunca me hizo caso. Suspiraba por su amor.

→ Carmen, ..., nunca me hizo caso.

c. Carmen huía de mí. No podía vivir sin su presencia.

→ Carmen, ..., huía de mí.

d. Carmen fue la gran pasión de mi vida. Me casé con su prima.

→ Carmen, ..., fue la gran pasión de mi vida.

e. Carmen me hizo perder el tiempo. No me fijé en sus amigas.

→ Carmen, ..., me hizo perder el tiempo.

Bravo, vous êtes venu à bout du chapitre 13 ! Il est maintenant temps de comptabiliser les icônes et de reporter le résultat en page 128 pour l'évaluation finale.

14

La phrase expressive : quelques tournures

Quatre valeurs de *que* en espagnol

- Comme en français, **que** peut être pronom relatif et conjonction de subordination en espagnol :

  – **El libro que leo,** *Le livre que je lis.*

  – **Creo que es don Quijote,** *Je crois que c'est don Quichotte.*

- Mais il existe un usage courant de **que**, qui ne peut pas être traduit :

  – **¡Date prisa, que se va el tren!,** *Dépêche-toi : le train va partir !*

Dans l'exemple, **que** prend une valeur causale, explicative ou illustrative : il faut se presser « parce que », « car » le train va partir. Bien souvent, la traduction la plus simple sera les deux points, qui indiquent une explication.

- Dans une phrase exclamative, **que** peut prendre une valeur d'avertissement ou de menace :

  – **¡Que te pillo!,** *Attention, je vais t'attraper !*

1 Traduisez ces phrases, en utilisant *que*.

a. Tais-toi, s'il te plaît : j'ai mal à la tête.

➜ ……………………………………………………………

b. Je vais me coucher : je tombe de sommeil.

➜ ……………………………………………………………

c. Prête-moi dix euros : j'ai oublié mon portefeuille.

➜ ……………………………………………………………

d. Ne dis rien : je t'ai compris.

➜ ……………………………………………………………

e. Attention, je vais te manger !

➜ ……………………………………………………………

f. Attention, nous allons tomber (**caerse**) !

➜ ……………………………………………………………

2 **Indiquez dans la case associée à chaque bulle la valeur de *que* : pronom relatif (PR), conjonction de subordination (CS) ou valeur causale (VC).**

Traduction de la tournure emphatique « c'est… qui… »

- Pour plus d'expressivité, on utilise souvent en espagnol une tournure emphatique : au lieu de « Je vais le faire », on dit « C'est moi qui vais le faire ». Cette tournure présente de nombreuses difficultés d'emploi.
- Dans *C'est… qui…*, *c'est* se conjugue à la personne concernée et *qui* se traduit par **quien** ou **el (los) que / la (las) que** dans le cas d'une personne et par **el (los) que / la (las) que** si le mot concerné ne renvoie pas à une personne. On peut aussi trouver **lo que**, si le sujet est un pronom neutre (**esto**, **eso**, **aquello**).

– **Soy yo quien** (ou **el que**) **va a hacerlo,** *C'est moi qui vais le faire.*

– **¿Eres tú quien** (ou **el que**) **lo ha dicho?,** *C'est toi qui l'as dit ?*

– **Es este perro el que me ha mordido,** *C'est ce chien qui m'a mordu.*

– **Es esto lo que me gusta,** *C'est ça qui me plaît.*

- Remarque : l'accord avec le sujet est possible (**Soy yo quien lo voy a hacer**), mais l'espagnol tend à mettre ici le verbe à la 3e personne.

3 **Reformulez les phrases suivantes en faisant porter la tournure emphatique sur le mot souligné.**

(Modèle pour la phrase a. : *Nous l'avons fait.* ➜ *C'est nous qui l'avons fait.*)

a. Lo hemos hecho nosotros.

➜ ....

b. ¿Te has comido el chocolate?

➜ ....

c. Hablo yo primero.

➜ ....

d. ¿Te da miedo eso?

➜ ....

e. Usted no tiene que intervenir.

➜ ....

f. Vosotros lo hacéis todo mal.

➜ ....

g. Esto va a provocar un problema.

➜ ....

h. Los hijos siempre piden dinero.

➜ ....

i. Me gustan estas manzanas.

➜ ....

j. Esta tierra da la mejor fruta.

➜ ....

La préposition dans la tournure emphatique

- L'élément sur lequel porte l'insistance peut être précédé d'une préposition (« Je le fais pour toi » ➜ « C'est pour toi que je le fais »). Dans ce cas, la préposition sera répétée en espagnol. Littéralement, cela donne : « C'est pour toi pour qui je le fais. » Dans le cas d'une personne, *que* se traduira par **quien, quienes**.
  - **Es a mí a quien tienes que convencer,** *C'est moi que tu dois convaincre.*
  - **Es contigo con quien quiero casarme,** *C'est avec toi que je veux me marier.*
  - **Es de ellos de quienes todos hablan,** *C'est d'eux que tout le monde parle.*
- Si le mot concerné n'est pas une personne, on emploiera **el (los) que, la (las) que.** Mais, bien souvent, on va utiliser le neutre **lo que**, avec des différences d'usage tout en nuances :
  - **Es de estas manzanas de las que te hablo,** *C'est de ces pommes que je te parle* (de ces pommes-ci, pas d'autres pommes).
  - **Es de estas manzanas de lo que te hablo,** *C'est de ces pommes que je te parle* (de ces pommes, pas d'autre chose).

4 Reformulez ces phrases en faisant porter la tournure emphatique sur les mots soulignés.

a. Hay que darle agua al perro, no al gato.
→ ....

b. He visto a tus padres.
→ ....

c. ¿Has acompañado a Timoteo?
→ ....

d. ¿Estás pensando en mí?
→ ....

e. Me niego a pagar esa suma.
→ ....

f. Estoy soñando con unas vacaciones.
→ ....

5 Complétez la partie manquante de ces phrases.

a. Es por eso .... no quiero verlo.

b. Es por ti .... hago todo esto.

c. Es con mis hijos .... me gusta estar.

d. Es ante sus padres .... tienen que disculparse.

e. Es en payaso .... me voy a disfrazar.

f. Es con el alcohol .... tienes que tener cuidado.

6 Et maintenant que vous vous êtes bien exercé... Traduisez directement !

a. C'est par amitié que je t'aide.
→ ....

b. C'est pour te donner de l'argent que je suis là.
→ ....

c. C'est pour ça que je t'aime.
→ ....

d. C'est sur toi que je compte.
→ ....

e. C'est maman que tu préfères ?
→ ....

f. C'est avec eux que je pars en vacances.
→ ....

Valeurs circonstancielles de « que » dans la tournure emphatique

- Nous avons vu les cas où le mot mis en valeur est sujet (« C'est moi qui... »), les cas où il est complément (« C'est toi que... ») et ceux où une préposition le précède (« C'est avec lui que... »). Restent à examiner les phrases où il est complément circonstanciel. Trois cas se présentent : le temps (« C'est alors que »), le lieu (« C'est là que ») et la manière (« C'est comme ça que »). L'espagnol va exprimer ces nuances par **cuando**, **donde** et **como**.
  - **Es en verano cuando me gusta tomar vacaciones,** *C'est en été que j'aime prendre des vacances.*
  - **Es en Madrid donde me gusta vivir,** *C'est à Madrid que j'aime vivre.*
  - **Es así como hay que comportarse,** *C'est comme ça qu'il faut se conduire.*

7 Complétez ces tournures emphatiques.

a. Es en ti mismo .... encontrarás la respuesta.

b. Es estudiando .... aprobarás.

c. Es siempre al sacar la llave .... se me cae la cartera.

8 Traduisez les phrases suivantes.

a. C'est pour demain que j'en ai besoin.

➜ ....

b. C'est ici que tout finit.

➜ ....

c. C'est par ici qu'il faut passer.

➜ ....

d. C'est comme ça que tu me plais.

➜ ....

Pour en finir avec la tournure emphatique !

- C'est fini, vous dites-vous ? Que nenni ! Il reste deux choses à savoir pour maîtriser cette délicate tournure expressive, très courante dans le langage quotidien. Il faut d'abord retenir que, contrairement au français, le verbe **ser**, dans la traduction de *c'est*, se met en général au temps de celui qui lui fait écho :
  - **Es aquí donde trabajo,** *C'est ici que je travaille.*
  - **Fue entonces cuando apareció,** *C'est alors qu'il apparut.*
  - **Era él quien te llamaba,** *C'est lui qui t'appelait.*
  - **¿Has sido tú quien ha gritado?,** *C'est toi qui as crié ?*
- Et puis, sachez que, pour donner encore plus d'expressivité à cette tournure, les Espagnols ont tendance à inverser l'ordre des termes dans la première partie de la phrase, pour placer au début le mot à mettre en valeur.
  - **Él es quien lo ha dicho,** *C'est lui qui l'a dit.*
  - **Contigo es con quien quiero vivir,** *C'est avec toi que je veux vivre.*

9 Traduisez ces phrases en inversant certains termes afin de leur donner plus d'expressivité.

a. C'est pour hier que j'en avais besoin.

→ ....

b. C'est de toi que je suis amoureux.

→ ....

c. C'est maintenant que j'ai envie d'aller en Espagne.

→ ....

d. C'est comme ça que le film se termina.

→ ....

Bravo, vous êtes venu à bout du chapitre 14 ! Il est maintenant temps de comptabiliser les icônes et de reporter le résultat en page 128 pour l'évaluation finale.

1. Les signes et les sons

1 **a.** inmigrante **b.** inmobiliario **c.** atrapar **d.** asesino **e.** eficaz. **f.** atento **g.** inmortal **h.** ocupar.

2 **a.** caos **b.** eco **c.** crónico **d.** orquídea **e.** terapia **f.** católico **g.** gimnasio **h.** síntesis **i.** fotógrafo **j.** físico.

3

	U prononcé	U non prononcé
a. portuguesa	□	■
b. antigüedad	■	□
c. igualdad	■	□
d. bilingüismo	■	□
e. águila	□	■

4 **1re colonne** elijo, eliges elige, elegimos, elegís, eligen **2e colonne** elija, elija, elija, elijamos, elijáis, elijan **3e colonne** sigo, sigues, sigue, seguimos, seguís, siguen **4e colonne** siga, sigas, siga, sigamos, sigáis, sigan.

5 **a.** vaquita **b.** borreguito **c.** periquito **d.** hormiguita

6 **a.** examen □■□ **b.** feliz □■ **c.** lunes ■□ **d.** Madrid □■ **e.** Vietnam □■ **f.** apocalipsis □□□■□ **g.** calamar □□■ **h.** caracol □□■ **i.** volumen □■□ **j.** mayonesa □□■□ **k.** taxi ■□ **l.** flamenco □■□

7 **a.** Túnez **b.** Perú **c.** Pekín **d.** Haití **e.** París **f.** cóctel **g.** chófer **h.** tórax

8 **a.** ¿Te gusta el té? **b.** Sí, a mí me gusta, pero a él no le gusta. **c.** A mi amigo no sé si le gusta. **d.** ¿Tú le pones azúcar a tu café?

9 **a.** Esto es chino: no entiendo ni jota. **b.** ¡Qué caso más raro, es un auténtico expediente equis! **c.** Lo he repasado todo de pe a pa. **d.** ¡Qué pesado! ¡Erre que erre con la misma historia! **e.** Por hache o por be, el caso es que nunca hace el trabajo. **f.** Vamos a hacerlo ahora: es el día de.

2. Articles, noms, adjectifs et numéraux

1 **a.** Se hace el interesante. **b.** Lo prometido es deuda. **c.** Mezclar lo útil a lo agradable. **d.** Me da lo mismo. **e.** Lo bueno, si breve, dos veces bueno. **f.** La de la izquierda es mi hermana. **g.** Ama y haz lo que quieras. **h.** El que bien te quiere te hará llorar.

2 **a.** la acera **b.** la anchoa **c.** el área **d.** el aula **e.** el hambre **f.** el haba **g.** la habichuela **h.** la harina **i.** la hamaca **j.** el águila **k.** el alma **l.** el ave.

3 **a.** Inglaterra **b.** Suecia **c.** Suiza **d.** El Ródano **e.** El Guadalquivir **f.** El Amazonas **g.** Los Alpes **h.** Los Pirineos **i.** El Garona.

4 **a.** los tomates maduros **b.** los coches caros **c.** el calor humano **d.** la sangre roja **e.** la leche fresca **f.** el aceite sabroso **g.** la gente ruidosa **h.** el sabor amargo **i.** las flores bonitas.

5 **a.** guatemalteco(a) **b.** panameño(a) **c.** argentino(a) **d.** uruguayo(a) **e.** chileno(a) **f.** peruano(a) **g.** nicaragüense.

6 **a.** Me tomo el café y me voy. **b.** Escucha lo que te dice el corazón. **c.** Me juego la vida. **d.** ¿Coges el paraguas?

7 **a.** Se le ha caído el pelo. **b.** Se te ha olvidado el móvil. **c.** Se me ha ensuciado la camisa. **d.** Se me cierran los ojos. **e.** Se les ha muerto el perro. **f.** Se me parte el corazón. **g.** Se te ha parado el reloj.

8 **a.** En 1807, Beethoven compuso la quinta sinfonía. **b.** El abuelo de Felipe VI era Alfonso trece. **c.** Me acuerdo muy bien de mi primera bicicleta. **d.** Cervantes escribió Don Quijote en el siglo diecisiete. **e.** El padre de Felipe VI se llama Juan Carlos primero. **f.** Ha saltado dos metros al tercer intento.

Quelques clés de l'espagnol 1

1 **a.** *fer* / hierro ; *pluie* / lluvia ; *fumée* / humo ; *figue* / higo. **b.** *flamme* / llama ; *farine* / harina ; *plaine* / llanura ; *fil* / hilo. **c.** *fuir* / huir ; *pleurer* / llorar ; *clé* / llave ; *fourmi* / hormiga.

2

	Le mot espagnol...	signifie...	et non pas...	qui se dit...
a.	atender	**s'occuper de**	attendre	**esperar**
b.	**carta**	lettre	carte postale	**postal**
c.	cintura	**taille**	**ceinture**	cinturón
d.	**codo**	coude	code	**código**
e.	concurrencia	**foule**	**concurrence**	competencia
f.	**constipado**	enrhumé	**constipé**	estreñido
g.	costumbre	**coutume**	costume	**traje**
h.	**disgustar**	contrarier	**dégoûter**	dar asco
i.	exprimir	**presser**	exprimer	**expresar**

3 **a. Pregúntale** ... qué quieren comer. / ... cuántos hijos tiene. / ... qué hora es. / ... si te quiere prestar cien euros. **b. Pídele ...** que te acompañe. / ... cien euros. / ... las llaves del coche. / ... lo que necesites: tiene mucho dinero.

4 **a.** No sé quién le ha enseñado a nadar. **b.** Me da vergüenza, no quiero que la gente se entere. **c.** Sus padres aún no se han enterado del accidente. **d.** Para aprender un idioma, lo mejor es viajar.

5 **a.** La escuela me ha enseñado mucho. **b.** Para mi profesión tengo que aprender a conducir. **c.** ¿Me vas a enseñar a conducir una moto? **d.** La experiencia me ha enseñado a ser prudente. **e.** Los padres no te lo pueden enseñar todo. **f.** Hay cosas que tienes que aprender tú mismo.

6 **a.** Quién va a sacar al perro? **b.** ¿Quieres salir conmigo? **c.** No está en casa: acaba de salir. **d.** ¡Genial: Julio Iglesias va a sacar un nuevo disco! **e.** ¿Por favor, cuándo va a salir el nuevo disco de Julio Iglesias?

7 **a.** La leña seca arde mejor. **b.** Voy a quemar todas tus cartas. **c.** ¿Arde París? **d.** El sol quema la piel. **e.** Cuidado, te vas a quemar. **f.** Ardo de cólera.

8 **a.** C+B **b.** G+D **c.** A+F **d.** E+H

9 **a.** *Tout le monde sait ça !* **b.** *Il n'y a pas un chat ici.* **c.** *Il n'y connaît rien.* **d.** *Il est en piteux état.* **e.** *Il est verni.* **f.** *Nous voilà beaux !* **g.** *J'ai la poisse.* **h.** *Les grandes douleurs sont muettes.*

3. Présent indicatif et présent subjonctif

1

	Indicatif	Subjonctif
viaje		✓
corra		✓
bebe	✓	
trabaja	✓	
abra		✓
vende	✓	
sube	✓	
saque		✓
pague		✓
lea		✓
recibe	✓	
cubre	✓	

2 **a.** distribuyo, disminuyo, constituyo, excluyo, construyo, concluyo **b.** obedezco, introduzco, produzco, parezco, pertenezco, traduzco **c.** traigo, pongo, salgo, digo, vengo, hago.

3 **a.** Quiero que obedezcas. **b.** Quiero que salgas. **c.** Quiero que vengáis. **d.** Quiero que hagáis algo. **e.** Quiero que traigáis pan. **f.** Quiero que construyas museos. **g.** Quiero que traduzcas novelas. **h.** Quiero que concluyáis.

4 **a.** Me divierto mucho con los niños. **b.** No quieren que les mintamos. **c.** ¿Cuánto mide tu hermano?

5 **a.** No quiero que juegues dinero. **b.** ¿Por qué vestís siempre así? **c.** No quiero que te sirvas primero.

6 **a.** Mi padre no quiere que me siente en su silla. **b.** Son muy amables conmigo, lo hacen todo para que me sienta bien. **c.** Los niños españoles creen en los Reyes Magos. **d.** Algunos artistas crean obras inolvidables. **e.** Sois ateos: no creéis en Dios. **f.** Me parece curioso que vosotros no creáis en nada.

7 **a.** No pienso que haya mucha gente en la playa. **b.** No creo que estéis muy cansados de trabajar. **c.** Detesto que seas antipática con la gente. **d.** Me parece bien que vayas al cine con tus amigas.

8 **a.** Lástima que mis amigas estén lejos de aquí. **b.** ¡Ojalá sepas llegar hasta aquí! **c.** ¡Ojalá nos veamos pronto! **d.** Lástima que no vayamos a España.

9 **a.** Te digo que vengas. **b.** Me pide que sea simpático. **c.** Me piden que traduzca esta novela. **d.** Me dice que me ponga el sombrero.

10 **a.** Il ne sait peut-être pas la réponse. **b.** Elle est peut-être malade. **c.** Il ne lit peut-être pas ses messages. **d.** Il n'y a peut-être pas de solution.

11 **a.** ¡Que te vayas! **b.** ¡Que me dejéis! **c.** ¡Que no corras! **d.** ¡Que compres el pan! **e.** ¡Que duermas bien!

12 **a.** Que cumplas muchos más. **b.** Que en paz descanse. **c.** Que te mejores. **d.** ¡Que se besen! **e.** Mal rayo te parta.

4. Le gérondif et les formes progressives

1 **a.** Viajando se aprenden idiomas. **b.** Siempre cena viendo la tele. **c.** Aun viviendo en Alemania no consigo hablar alemán. **d.** Corrigiendo tus errores progresarás. **e.** Durmiendo bien estás más relajado. **f.** Viene huyendo de la guerra. **g.** Me entero de todo leyendo la prensa.

2 **a.** Este arquitecto siempre construye edificios horribles. **b.** Este arquitecto está construyendo unas casas horribles en Brasil. **c.** Lo siento, no puedo hablarte: estoy haciendo algo importante. **d.** Si no me concentro no hago nada interesante. **e.** Tu padre es así: dice lo que piensa. **f.** No interrumpas a tu padre: te está diciendo cosas muy sensatas. **g.** Cada año mueren muchos inocentes en conflictos armados. **h.** Están muriendo muchos inocentes en esta guerra.

3 **a.** Está mirándonos. **b.** Estoy riéndome de vosotros. **c.** Está llamándote tonto. **d.** Están vistiéndose.

4 **a.** Nos estamos divirtiendo. **b.** Tu padre te está viendo. **c.** Te estoy oyendo. **d.** ¿Te estás preparando?

5 **a.** ¿Sigues aprendiendo el chino? **b.** Quiero que sigas escribiéndome. (ou que me sigas escribiendo). **c.** Sigue siendo la misma. **d.** Mi viejo ordenador sigue sirviendo. **e.** Sigo creyendo en Dios.

6 **a.** Voy perdiendo paciencia. **b.** Viene lloviendo bastante desde hace un tiempo. **c.** Viene haciendo mucho calor últimamente. **d.** Van destruyendo la costa con tantas construcciones. **e.** Los años van pasando, me voy haciendo viejo. **f.** ¡Vístete ya: te lo vengo diciendo desde esta mañana!

7 **a.** Se queda durmiendo delante de la tele. **b.** Me quedo pensando en el pasado. **c.** Se quedan cantando durante toda la noche. **d.** Prefiero quedarme leyendo una novela que ver la tele.

8 **a.** Te pasas el tiempo viajando. **b.** Este artista se pasa la vida creando obras. **c.** Me paso la noche contando borregos. **d.** Se pasan los días bebiendo.

9 **a.** Acaba creyendo lo que dice. **b.** Siempre acabas pidiéndome dinero. **c.** Al final siempre acaba lloviendo. **d.** Los gatos siempre acaban volviendo a casa.

10 **a.** una respuesta satisfactoria **b.** palabras convincentes **c.** un niño obediente **d.** un chiste divertido **e.** una corbata vistosa **f.** una reflexión hiriente **g.** un ruido molesto **h.** una revelación sorprendente **i.** una mirada huidiza **j.** una novela pesada.

Lexique et lecture 1 : Corps et sport

1 **1.** el pelo **2.** la frente **3.** la ceja **4.** el ojo **5.** la oreja **6.** la nariz **7.** la mejilla **8.** la boca **9.** la barbilla **10.** el cuello.

2 **1.** la cabeza **2.** el hombro **3.** el pecho **4.** el brazo **5.** la cintura **6.** la mano **7.** el dedo **8.** la pierna **9.** la rodilla **10.** el pie.

3 **a.** Verdadero **b.** Falso **c.** Falso **d.** Verdadero **e.** Falso **f.** Falso.

4 **a.** rubio castaño pelirrojo ~~alto~~ moreno **b.** transparente pálido blanco ~~espeso~~ lechoso **c.** ~~pie~~ ceja ojo pestaña nariz **d.** melena pelo trenza moño ~~piel~~.

5 **a.** delgado / gordo. **b.** oscuro / claro. **c.** espeso / fino. **d.** engordar / adelgazar.

6 **a.** un moño perfecto **b.** una piel suave **c.** Magda es pelirroja **d.** Tiene pecas.

7 **a.** Estoy por sus huesos. **b.** Boca arriba. **c.** No dar su brazo a torcer. **d.** Tener cara dura. **e.** Hablar por los codos. **f.** Ser culo de mal asiento. **g.** Chuparse el dedo. **h.** Apostar el cuello. **i.** Tirar de la lengua. **j.** Meterse entre pecho y espalda.

8 **a.** Querer ganar a toda costa no es ser muy deportivo. **b.** Pau Gasol y Andrés Iniesta son grandes deportistas españoles. **c.** No me gusta jugar contra ti porque tu actitud no es deportiva. **d.** Me gusta el deporte pero no soy fan de ningún deportista. **e.** No practico ninguna actividad deportiva.

9 **a.** Su cara es redonda. Siempre está riendo. Sus labios carnosos descubren dientes grandes. Es morena. Lleva trenzas. Tiene grandes ojos negros. Sus pestañas son larguísimas. **b.** Tiene los ojos claros. En sus mejillas se ven muchísimas pecas. Es rubia. Lleva el pelo recogido en un moño. Su boca es fina. Cuando sonríe asoman unos dientes pequeños. Tiene la cara ovalada.

5. *Ser, estar* et les traductions de « être »

1 **a.** ¿Eres tú, cariño? **b.** ¿Es algo grave? **c.** No estoy satisfecho. **d.** Estamos preocupadas. **e.** No, no es eso. **f.** Así es la vida. **g.** Los bares están llenos. **h.** Estáis desnudos. **i.** Somos ateos. **j.** ¿Estás vestido?

2 **a.** Es agradable cenar en casa de Pepa: es muy atenta. **b.** ¿Este libro es nuevo o es una reedición? **c.** Siempre es delicado preguntarle por la salud. **d.** ¡Qué vivo eres! Lo entiendes todo a la primera. **e.** Esta moto no está nueva: la vendo a mitad de precio. **f.** Pepa siempre está atenta al menor detalle. **g.** No te preocupes por Paco: está vivo, es lo esencial. **h.** Paco está delicado de salud, va a operarse.

3 **a.** Hemos comido demasiado. **b.** El cartero ha pasado. **c.** Han ido a pasear. **d.** El rey ha muerto. **e.** ¿Te has lavado las manos? **f.** Me he levantado temprano.

4 **a.** Los ladrones son perseguidos por la policía. **b.** Este programa es visto por miles de personas. **c.** La compañía es adquirida por un fondo de inversión. **d.** Las reformas son votadas por los diputados.

5 **a.** El juguete está roto. **b.** La noche ha caído. **c.** El bar está abierto día y noche. **d.** Las explosiones han sido oídas por los vecinos. **e.** La guerra ha acabado

6 **a.** Este juguete es entretenido. **b.** El niño está entretenido con sus juguetes. **c.** La llave está disimulada debajo del felpudo. **d.** Nunca dice lo que piensa: es muy disimulado. **e.** Voy a dormir: estoy cansadísimo. **f.** No lo soporto: ¡es cansadísimo! **g.** Me estoy durmiendo: esta película es muy aburrida. **h.** Cuando estoy aburrido voy al cine.

7 **a.** Esta película es aburrida. **b.** No, está entretenida. **c.** El dinero está bien disimulado. **d.** No me gusta: es muy disimulado. **e.** ¡Sí, y es cansado! **f.** Estoy cansado de ver películas. **g.** Tu madre está aburrida. **h.** No, está entretenida con la tele.

8 **a.** La mantequilla no es buena para el corazón. **b.** Sí, el aceite de oliva es mejor. **c.** Tienes mala cara, ¿estás bien? **d.** Sí, salgo de una gripe pero ya estoy bueno. **e.** ¡Qué bueno es echarse la siesta! **f.** Sí, y además es bueno para la salud. **g.** El niño no es bueno, hay que castigarlo. **h.** Sí, ¡ya está bien! i. ¡Qué buena está la sangría en este bar! **j.** Sí, pero qué malo está el café! **k.** ¡Las tías están buenísimas en esta playa! **l.** Tss, no está bien hablar así de las mujeres.

6. Tutoiement et vouvoiement

1 **a.** ¿En qué están pensando (ustedes)? **b.** ¿Qué dices? **c.** ¿Adónde vais? **d.** ¿No me reconoce (usted)? **e.** Duermen (ustedes) demasiado. **f.** ¿Sigue (usted) viviendo en Madrid? **g.** Que seáis muy felices.

2 **a.** Hola, ¿os acordáis de que os hemos invitado a cenar esta noche? ¡Si os apetece, claro! ¿Podéis llamarnos para confirmar que venís? **b.** Buenos días. Le llamo desde la administración de Hacienda para pedirle que se presente cuanto antes en nuestras oficinas. **c.** ¿Se te han perdido las llaves? ¿Te has quedado en la calle? ¡No te desesperes! Nosotros te ayudamos. Cerrajeros de urgencia 0678002134, siempre contigo. **d.** Aquí Comisaría. Si son ustedes los propietarios del vehículo con matrícula AL29435, tienen que ponerse en contacto con nosotros a la brevedad.

3 **a.** se acuerdan / los (ou les) / les / pueden / vienen. **b.** te / pedirte / te presentes. **c.** le / se ha / se desespere / le / con usted. **d.** sois / tenéis / poneros.

4 **a.** Hola, ¿cómo estáis? Acabo de hablar con vuestro hijo. **b.** Aquí tiene sus calamares, caballero. ¿Desea algo más? **c.** Con su permiso, don Andrés, me voy a retirar. **d.** Perdón papá, perdón mamá, sé que estoy abusando de vuestra paciencia. **e.** Vuestras intenciones no son malas, pero no os tengo confianza. **f.** Señores viajeros, cuidado con su equipaje y sus efectos personales.

5

	Tutoiement singulier	Tutoiement pluriel	Vouvoiement singulier	Vouvoiement pluriel
jugar	juega	jugad	juegue	jueguen
sonreír	sonríe	sonreíd	sonría	sonrían
sentarse	siéntate	sentaos	siéntese	siéntense
vestirse	vístete	vestíos	vístase	vístanse

6 El general nos decía: pelead con mucho valor, os vamos a dar parcelas cuando haya repartición. Si me venís a buscar para otra revolución, os digo estoy ocupado sembrando para el patrón.

7 – ¿Te imaginás a una mujer presidente de la nación, Felipe? – ¡Dios nos libre! – Mirá, para que sepas, las mujeres somos más inteligentes que los hombres, ¿oís? Y más nobles y más buenas, ¿sabés? ¡Y más dulces y más tiernas, ¿entendés?

Cocinás bien. – Gracias, Valentín. – Pero me vas a acostumbrar mal. – Vos sos loco, ¡viví el momento!, ¡aprovechá!, ¿te vas a amargar la comida pensando en lo que va a pasar mañana? - No creo en eso de vivir el momento, Molina. – ¿Vos creés en el paraíso y el infierno? – Esperate, Molina.

8 Te imaginas / Mira / ¿oyes? / ¿sabes? / ¿entiendes?

9 Cocinas bien. / Tú eres loco / Vive / Aprovecha. / ¿Tú crees…? / Espérate, Molina.

Quelques clés de l'espagnol 2

1 **a.** albaricoque (Esp.) / chabacano (Mex.) **b.** remolacha (Esp.) / betabel (Mex.) **c.** judía verde (Esp.) / ejote (Mex.) **d.** melocotón (Esp.) / durazno (Mex.) **e.** guisante (Esp.) / chícharo (Mex.) **f.** puerro (Esp.) / poro (Mex.). **g.** patata (Esp.) / papa (Mex.) **h.** tomate (Esp.) / jitomate (Mex.).

2 **a.** estar de pie **b.** adelantar el autobús **c.** una rueda pinchada **d.** alquilar un piso **e.** una cazadora bonita **f.** tirarse a la piscina **g.** ponerse una chaqueta **h.** la bandeja de los aperitivos.

3 **a.** fermer le coffre **b.** appeler le serveur **c.** Tu me manques. **d.** C'est mon pote. **e.** prendre la voiture **f.** se presser **g.** faire le plein d'essence **h.** debout sur le trottoir.

4

	Le mot espagnol…	signifie…	et non pas…	qui se dit…
a.	carné	**permis de conduire**	carnet	**libreta**
b.	**criar**	élever	crier	**gritar**
c.	cuadro	**tableau**	**cadre**	marco
d.	**despensa**	garde-manger	dépense	**gasto**
e.	embarazada	**enceinte**	**embarrassée**	molesta
f.	**fama**	réputation	**faim**	hambre
g.	fracaso	**échec**	fracas	**estruendo**
h.	**jabón**	savon	**jambon**	jamón
i.	largo	**long**	large	**ancho**

5 **a.** Sr. D. : Señor don (Monsieur). **b.** Uds. : Ustedes (Vous). **c.** Fdo. : Firmado (Signé). **d.** P.D. : Posdata (post-scriptum). **e.** Atte. : Atentamente (Bien à vous). **f.** tfno. : teléfono (téléphone).

6 **a.** *(post-it)* : **Hola, cariño.** No te olvides de comprar el pan. Volveré tarde. **Mil besos.** Ana. **b.** *(carte de vœux)* : **Querido Juan: Ante todo**, ¡muchas felicidades! Te deseo un feliz cumpleaños y que cumplas muchos más. **Te mando muchos recuerdos** y espero verte pronto. Tu amigo que no te olvida. Paco. **c.** *(lettre de candidature)* : **Muy señor mío: En relación a** la oferta de trabajo publicada en «El País» con fecha de hoy, me dirijo a Ud. **con objeto de** presentar mi candidatura al puesto referido. Como consta en el currículum adjunto, ya he desempeñado empleos de idéntico perfil, tanto en España como en el extranjero, además de contar con la titulación académica exigida en el anuncio. Quedo pues a su entera disposición para concertar una entrevista cuando lo considere oportuno. **Sin otro particular** y agradeciéndole de antemano su respuesta, **le saluda atentamente.** **d.** *(lettre d'invitation)* : **Estimado cliente: Con motivo de** la celebración del Día del Libro, **tengo el gusto de** invitarle a una serie de actos que tendrán lugar en nuestra librería el próximo miércoles. El evento contará con la presencia del escritor Marinus Velego, quien realizará una lectura de su próxima novela, y concluirá con un aperitivo. Esperando poder contar con su presencia, **reciba un muy cordial saludo.**

7 **a.** ¡Los precios no paran de subir! **b.** Sufrir es el precio de la victoria. **c.** Esta medalla es el premio por tu victoria. **d.** El premio Cervantes recompensa a un escritor.

8 **a.** Este científico no tiene cultura general. **b.** Esta zona se dedica al cultivo del tomate. **c.** Olivo y naranjo son cultivos tradicionales. **d.** La cultura maya ocupó el sur de México.

9 **a.** Francia es el país anfitrión de la Eurocopa 2016. **b.** ¡Qué bien hemos comido! Eres un magnifico anfitrión. **c.** En este hotel han residido huéspedes famosos. **d.** En casa tengo un cuarto para huéspedes.

10 **a.** Te espero en la esquina de aquella calle. **b.** ¿En qué rincón te has escondido? **c.** ¡Ay! Me he dado con la esquina de la mesa. **d.** Lo guardo en un rincón de mi memoria.

7. Conjonctions et prépositions

1 **a.** No sé cuántos vamos a ser: siete u ocho. **b.** Lo he intentado una y otra vez pero no es posible. **c.** No me importa que sea por una u otra razón: me has decepcionado. **d.** ¿Dónde prefieres que nos sentemos: aquí o allí? **e.** Te detesto: eres hipócrita e insensible. **f.** Me pregunto si eres serio o si te estás burlando de mí. **g.** Francia e Italia tienen mucho en común. **h.** Tú y yo ya no somos amigos.

2 **a.** Je n'ai pas vu ce film et il ne m'intéresse pas. **b.** Ne me parle même pas d'elle. **c.** Je n'ai pas lu le livre ni vu l'adaptation. **d.** Il n'est ni bon ni mauvais. **e.** Je n'ai même pas le temps d'aller au cinéma. **f.** Je n'ai ni le temps ni l'envie d'aller au cinéma. **g.** Il n'y connaît rien en cinéma.

3

	PERO	SINO	SINO QUE
a. No solo entiende el chino … lo habla.	☐	☐	☑
b. Tener dinero no te hace feliz … te ayuda a hacer la compra.	☑	☐	☐
c. Lo que cuenta no es lo que tienes … lo que eres.	☐	☑	☐
d. No es un lobo … un perro salvaje	☐	☑	☐
e. Es guapa … no es inteligente.	☑	☐	☐
f. No te pido que corras una maratón … camines un poco.	☐	☐	☑

4 **a.** ¡Pues coge el tren si no te gusta el avión! **b.** Pues yo nunca me acuesto antes de la una. **c.** Tiene pues que tomarse estos comprimidos. **d.** Hay pues tres soluciones: tren, coche o avión. **e.** Coge el avión pues con el tren no llegarás a tiempo. **f.** He dejado el ordenador pues la pantalla me cansa la vista.

5 **a.** Tengo amigos en Estados Unidos. **b.** He estudiado en Sevilla. **c.** Tengo muchas reuniones en España. **d.** Vuelvo a España este verano. **e.** ¿Por qué has venido a Argentina? **f.** He llegado a Patagonia.

6 **a.** Salgo a comprar el pan. **b.** Las hojas caen al suelo. **c.** Doy la vuelta al mundo. **d.** Corre a avisarla. **e.** ¡Sube a tu cuarto! **f.** Tradúceme este texto al inglés. **g.** Acércate a la ventana.

7 **a.** El poder del dinero es grande pero no infinito. **b.** No entiendo el amor al dinero. **c.** El respeto al público es la primera virtud del artista. **d.** Este artista solo busca la admiración del público. **e.** El agradecimiento de los alumnos es la recompensa del profesor. **f.** El agradecimiento a los profesores ha ido desapareciendo. **g.** Hay que educar a los niños en el rechazo a la violencia. **h.** Las personas mayores necesitan el cariño de los demás.

8 **a.** Me propone ir al cine. **b.** Te prometo ayudarte. **c.** He olvidado llamarte. **d.** Intenta aprender español.

9

	ø	a	con	de	en	por
avancer de : **adelantar…**	✓					
comparer à : **comparar…**			✓			
compter sur : **contar…**			✓			
croire à : **creer…**					✓	
faire attention à : **tener cuidado…**			✓			
grossir de : **engordar…**	✓					
hésiter à : **vacilar…**					✓	
menacer de : **amenazar…**			✓			
oser : **atreverse…**		✓				
penser à : **pensar…**					✓	
refuser de : **negarse…**		✓				
rêver de : **soñar…**			✓			
se déguiser en : **disfrazarse…**				✓		
s'intéresser à : **intereresarse…**						✓

10 **a.** Tu reloj adelanta diez minutos. **b.** Cuenta conmigo. **c.** He engordado dos kilos. **d.** No me atrevo a hablarle. **e.** Se niega a ayudarme. **f.** Sueño con visitar Andalucía.

8. Les semi-auxiliaires et la traduction de « devenir »

1 **a.** Se ha ido. **b.** ¿Había gente? **c.** Hemos subido. **d.** Ha sido expulsado. **e.** Estaba deprimido. **f.** ¿Le has escrito?

2 **a.** Tenemos grabadas todas las canciones de Bisbal. **b.** ¿Tienes guardadas mis cartas? **c.** El médico me tiene dicho que no coma tanto. **d.** Tenéis olvidada a la familia. **e.** Tienen escritos muchos libros. **f.** Tengo hecho el testamento.

3 **a.** La fidelidad de ciertos animales resulta conmovedora. **b.** Quedaron encantados con su visita a Madrid. **c.** El acento de algunos españoles me resulta incomprensible. **d.** Traéis aspecto de haber pasado mala noche. **e.** Traes la camisa arrugada y sucia. **f.** Quedó muy deprimido después de su operación. **g.** Anda sin trabajo actualmente.

4 **a.** ¡Un tigre escapado del zoológico anda suelto por el bosque! **b.** Tres personas resultan heridas en un accidente de tráfico. **c.** Queda inaugurado el nuevo estadio del Real Madrid.

5 **a.** Ando muy cansado últimamente. **b.** Hemos quedado muy satisfechas, gracias. **c.** ¿Por qué traes la nariz roja? **d.** Esta situación resulta muy desagradable.

6 **a.** Yo siempre me pongo enfermo en invierno. **b.** ¡Pero qué tonterías dices! ¿Te has vuelto imbécil? **c.** Mucha gente se vuelve conformista con la edad. **d.** Esta película se hace interminable. **e.** Paco se ha puesto muy viejo desde el año pasado. **f.** Este artista se ha hecho famoso a fuerza de trabajo.

7 **a.** Los dientes de los fumadores se ponen amarillos. **b.** El cielo se ha puesto muy gris. **c.** Estas largas cenas se hacen insoportables. **d.** Se ha puesto muy gordo. **e.** Se ha vuelto intolerante.

8 **a.** España se ha vuelto el destino preferido de los franceses. **b.** El amor se volvió odio. **c.** Objetos cotidianos a veces se convierten en obras de arte. **d.** Por la noche el conde Vlad se convertía en vampiro.

9 **a.** Es muy amable, se hace amigo con todos. **b.** Papá, quiero hacerme bombero. **c.** Le costó trabajo pero llegó a ser abogado. **d.** Te pasas la vida en España: ¿por qué no te haces español?

10 **a.** ¿Qué va a ser de mí? **b.** ¿Qué es de vosotros? **c.** ¿Qué es de ti? **d.** ¿Qué ha sido de él?

Lexique et lecture 2 : Alimentation et commerces

1 **a.** las nueces **b.** los anacardos **c.** los cacahuetes **d.** los pistachos **e.** las pasas **f.** las avellanas **g.** las almendras

2 **a.** una manzana **b.** una pera **c.** un mango **d.** un limón **e.** una naranja **f.** un aguacate **g.** un melón **h.** una ciruela **i.** una piña

3 **a.** La coliflor **b.** El calabacín **c.** La judía verde **d.** El pimiento **e.** El pepino **f.** La berenjena **g.** La cebolla **h.** El puerro **i.** La zanahoria **j.** La alcachofa

<table>
<tr><td>C</td><td>A</td><td>R</td><td>P</td><td>O</td><td>Ñ</td><td>A</td><td>N</td><td>C</td><td>A</td></tr>
<tr><td>H</td><td>O</td><td>C</td><td>E</td><td>B</td><td>O</td><td>L</td><td>L</td><td>A</td><td>L</td></tr>
<tr><td>I</td><td>R</td><td>L</td><td>P</td><td>R</td><td>E</td><td>C</td><td>A</td><td>L</td><td>C</td></tr>
<tr><td>P</td><td>I</td><td>M</td><td>I</td><td>E</td><td>N</td><td>T</td><td>O</td><td>A</td><td>A</td></tr>
<tr><td>U</td><td>S</td><td>U</td><td>N</td><td>F</td><td>J</td><td>Y</td><td>S</td><td>B</td><td>C</td></tr>
<tr><td>E</td><td>T</td><td>R</td><td>O</td><td>C</td><td>L</td><td>U</td><td>Z</td><td>A</td><td>H</td></tr>
<tr><td>R</td><td>E</td><td>T</td><td>A</td><td>T</td><td>I</td><td>O</td><td>D</td><td>C</td><td>O</td></tr>
<tr><td>R</td><td>O</td><td>A</td><td>L</td><td>L</td><td>A</td><td>S</td><td>R</td><td>Í</td><td>F</td></tr>
<tr><td>O</td><td>B</td><td>E</td><td>R</td><td>E</td><td>N</td><td>J</td><td>E</td><td>N</td><td>A</td></tr>
<tr><td>Z</td><td>A</td><td>N</td><td>A</td><td>H</td><td>O</td><td>R</td><td>I</td><td>A</td><td>X</td></tr>
</table>

4 **a.** las judías blancas y las habas **b.** las judías pintas y los garbanzos **c.** los guisantes y las lentejas

5 **a.** guisantes **b.** habas **c.** garbanzos **d.** judías pintas **e.** judías blancas **f.** lentejas

6 **a.** salade composée **b.** salade russe **c.** salade verte **d.** salade de fruits.

7 **a.** Ragoût de légumes, verts et secs, agrémenté d'oeufs et de morceaux de morue. **b.** soupe moulinée de pommes de terre, légumes verts (poireaux, carottes) ou secs (pois chiches, lentilles). **c.** bouillon de vermicelles (parfois de riz), enrichi de morceaux de viande ou de légumes non moulinés **d.** bouillon de cuisson de légumes ou de poulet, servi tel quel, sans accompagnement.

8 **a.** una pizca de sal **b.** un bote de mermelada **c.** una rodaja de chorizo **d.** una raja de melón **e.** una tableta de chocolate **f.** una loncha de jamón **g.** un trozo de queso **h.** un paquete de espaguetis **i.** una botella de vino **j.** un terrón de azúcar **k.** una rebanada de pan **l.** una lata de atún **m.** una bolsa de patatas fritas **n.** una cucharada de sopa

9 – Buenos días, preciosa, cada día estás más guapa.
– Hola, Lola. Hoy necesito el mejor pescado.
– ¿Quieres hacer sopa, eh?
– Sí, quiero cuatro trozos de rape.
– ¿Quieres un rape entero? Resulta más barato.
– De acuerdo, ponme también doce gambas.
– ¿Doce? Son muchas para la sopa…
– De segundo haré pollo con gambas. ¡Qué curiosa eres!
– ¡Reina, es mi oficio! ¿Te imaginas una pescadera calladita?

9. La valeur des temps

1 **a.** Una vez casados, haréis un bonito viaje de novios. **b.** Haz el problema tú solo y luego te diré la solución. **c.** A los 18 años, podrás conducir un coche. **d.** Si estudian, mis hijos tendrán buenas calificaciones.

2 **a.** Ahora mismo vamos a cruzar el Guadalquivir. **b.** ¿Va a querer café enseguida? **c.** Son las nueve: ¿Vas a ver el partido? **d.** Va a haber mucha gente esta noche, canta Bisbal.

3 **a.** **4.** ¿Se habrá defendido la víctima? **b.** **2.** ¿Quién será el asesino? **c.** **1.** ¿Qué habrá pasado? **d.** **3.** ¿Dónde estará el arma del crimen? **e.** **5.** ¿Qué se habrán dicho la víctima y el asesino?

4

Infinitif	Yo	Tú	Él, ella, usted	Nosotros, nosotras	Vosotros, vosotras	Ellos, ellas, ustedes
creer	creía	**creías**	**creía**	creíamos	creíais	**creían**
ver	**veía**	veías	**veía**	**veíamos**	**veíais**	veían
sentarse	**me sentaba**	**te sentabas**	se sentaba	nos sentábamos	**os sentabais**	se sentaban
ser	era	**eras**	era	**éramos**	**erais**	eran
ir	**iba**	ibas	**iba**	**íbamos**	**ibais**	**iban**

5 llegué quisiste creyeron puso volvi ~~queráis~~ ~~dijéramos~~ dijiste fui quiso dijisteis ~~fuera~~ sentí durmieron ~~llegue~~ ~~llego~~ dormiste ~~podamos~~ ~~sintiera~~ fueron ~~volviera~~ ~~podemos~~ sintieron pudimos volvieron creísteis puse ~~creáis~~ durmió ~~pusierais~~

6 **a.** ¡No he roto nada! **b.** ¡No he hecho nada! **c.** ¡No he visto nada! **d.** ¡No he oído nada! **e.** ¡No he dicho nada! **f.** ¡No he robado nada!

7 Escribí mi primera novela, *Pequeño teatro*, en un cuaderno cuadriculado. Sólo tenía diecisiete años y, sin pensarlo dos veces, me presenté en la editorial Destino con mi manuscrito. Después de esperar unos cuantos días, me recibió Ignacio Agustí, que fue muy amable conmigo y me dijo que lo primero que tenía que hacer era pasar la novela a máquina.

8 **a.** Il avait dépensé tout l'argent que je lui avais donné. **b.** Dès qu'il eut fini son café, il demanda l'addition. **c.** Il avait oublié ce que nous lui avions dit.

9 **a.** Perdona, no te había reconocido. **b.** ¿No me dijiste que te ibas de fin de semana? **c.** No me había acordado de que teníamos cita.

10 **a.** Tu n'aurais pas dû le faire. **b.** Tu n'aurais pas pu te taire ? Le prétérit espagnol de poder et deber peut avoir une valeur de conditionnel passé.

10. Les temps dans la phrase complexe

1 **a.** Ven a verme cuando quieras. **b.** Ignoro a qué hora saldrá el tren. **c.** Pensamos que te ayudará. **d.** Explícame cómo lo harás. **e.** Te llamaré el día en que lo decida. **f.** Sé por qué aceptará. **g.** En el momento en que salga, avísame. **h.** Mientras esté aquí, no te faltará nada.

2 **a.** Cuando sepas las conjugaciones, ya no harás errores. **b.** El día en que te pongas el despertador, ya no llegarás tarde. **c.** Cuando hayas hablado con él, sabrás lo que piensa. **d.** El día en que te vea decidido, traeré un perro a casa.

3 **1.** llevo **2.** acordarán **3.** vuelve **4.** dice **5.** leerán **6.** contestarán **7.** salgo **8.** harán **9.** han **10.** es.

4 **a.** Ana María presentó su novela para que se la publicaran. **b.** La joven no creyó que la fueran a publicar. **c.** La chica quiso que el editor leyera su manuscrito. **d.** El editor le pidió que la pasara a máquina y la volviera a llevar.

5 Ana María cuenta que unos cinco días más tarde va al estanco a comprar folios y cinta para mecanografiar su novela y al salir se lo encuentra cara a cara.

6 Ana María contó que unos cinco días más tarde fue al estanco a comprar folios y cinta para mecanografiar su novela y al salir se lo encontró cara a cara.

7 Me dijo que había leído mi novela y que estaba muy bien. Añadió que se la había dado a leer a sus compañeros y que a todos les había gustado. Para terminar me preguntó que cuántos años tenía.

8 **a.** Me recordó que cuando volviera del trabajo, no me olvidara de comprar el pan. **b.** Me pidió que cuando supiera lo que quería, le avisara. **c.** Me dijo que cuando quisiera dinero, lo pidiera. **d.** Me dijo que en cuanto hubiera terminado, no dejara de llamarla. **e.** Me pidió que el día en que estuviera decidido, le escribiera.

9 ¡Levántate enseguida! ¡Ya es hora y vas muy retrasado! Haz la cama y por favor date un poquito de prisa. ¡¡Ya estoy harta de que me llamen del colegio diciéndome que mi hijo siempre llega tarde a clase!!

10 Él dijo que muy bien, que pasara el martes, porque iban a publicarla. Confesó que les había impresionado mucho y me pidió que viniera con mi padre porque yo no era mayor de edad y tendría que firmar el contrato.

Quelques clés de l'espagnol 3

1

	1	2	3	4	5	6	7	8	9	10	11	12	13	14	15	16	17
I					A	L	M	O	H	A	D	A					
II	A				C							L	I	M	Ó	N	
III	J	A	Q	U	E	C	A					C					N
IV	E				I		Z		A	L	P	A	R	G	A	T	A
V	D			A	T	A	Ú	D				N					R
VI	R		A		U		C					C					A
VII	E		L		N		A		A	L	M	Í	B	A	R		N
VIII	Z		B		A	R	R	O	Z			A		L			J
IX			A						A					M			A
X			Ñ				A	L	F	O	M	B	R	A			
XI			I		Q				R					N			
XII		A	L	Q	U	I	T	R	Á	N		A		A			
XIII					I				N			L		Q			
XIV		A	L	G	O	D	Ó	N				M		U			
XV					S					C	H	A	L	E	C	O	
XVI					C							C					
XVII					O							É					
XVIII								A	L	B	Ó	N	D	I	G	A	

2

	Le mot espagnol…	signifie…	et non pas…	qui se dit…
a.	demorar	**retarder**	demeurer	**residir**
b.	**grillo**	grillon	grill	**parrilla**
c.	mancha	**tache**	**manche**	manga
d.	**nombre**	prénom	nombre	**número**
e.	plancha	**fer à repasser**	**planche**	tabla
f.	**príncipe**	prince	**principe**	principio
g.	retrete	**toilettes**	retraite	**jubilación**
h.	**salir**	sortir	salir	**ensuciar**
i.	equipaje	**bagages**	équipage	**tripulación**

3 **a.** Tienes que darle las gracias a tu abuela. **b.** Un día me agradecerás mi ayuda. **c.** ¡No me des las gracias! **d.** Quiero darte las gracias por tu actitud. / Quiero agradecerte tu actitud.(les deux traductions sont correctes)

4 **a.** ¡No te quejes! **b.** Siempre te está quejando. **c.** ¡No te compadezcas de mí! ou ¡No me compadezcas! **d.** Siempre te estás compadeciendo de mí. ou Siempre me estás compadeciendo.

5 Les phrases correctement rédigées sont : **a.** Lamento que te hayas ido. **b.**Te echo de menos. **c.** No me arrepiento de nada.

6 **a.** Tiene más peligro que una piraña en un bidet. **b.** Es más lento que el caballo del malo. **c.** Se mueve más que un garbanzo en la boca de un viejo. **d.** Falla más que una escopeta de feria. **e.** Gasta menos que Tarzán en corbatas. **f.** Estoy más liado que la pata de un romano.

7 **a5.** Das por concluida una actividad o una conversación: A otra cosa, mariposa. **b6.** Para reprocharle a alguien que no entienda nada: ¡Que no te enteras, Contreras! **c7.** A una persona que ha fracasado en algo: La cagaste, Burt Lancaster. **d4.** Te burlas de una persona pretenciosa: ¿De qué vas, Bitter Kas? **e8.** A una persona que llama la atención a voces: Menos gritos, Milagritos. **f3.** Te quejas de una situación o de una persona penosa: ¡Qué cruz, Maricruz! **g1.** Adivinas lo que una persona hace a escondidas: Evaristo que te he visto. **h2.** Te vas de una reunión: Me las piro, vampiro.

11. Exprimer le temps dans la phrase

1 **a.** Tan pronto como Penélope Cruz salía, los periodistas la perseguían. **b.** Tan pronto como Penélope Cruz salga, los periodistas la perseguirán. **c.** Tan pronto como Penélope Cruz salió, los periodistas la persiguieron. **d.** Tan pronto como Penélope Cruz sale, los periodistas la persiguen.

2 **a.** Saca al perro antes de que se ponga más nervioso. **b.** No hagas nada hasta que yo te lo diga **c.** El perro no ladró hasta que no estuvo en la calle. **d.** Mientras tuvo dinero siempre hubo amigos cerca de él. **e.** Mientras tenga amigos seré feliz. **f.** Siempre que veas a tu madre, salúdala de mi parte. **g.** Conforme avanzaba la noche, las calles se iban vaciando. **h.** En cuanto la vi, supe que era la mujer de mi vida. **i.** En cuanto llegues a España, te sorprenderán los horarios. **j.** Siempre que podía me tomaba un chocolate en el café Gijón. **k.** Conforme vayas creciendo, entenderás muchas cosas.

3 **a.** ¡España ha vuelto a ganar! (ou : ha ganado otra vez, ou ha ganado una vez más) **b.** Todavía (ou aún) no he ido a ver esta película. **c.** Te ha vuelto a llamar esta mañana (ou te ha llamado otra vez, ou te ha llamado una vez más). **d.** Es un buen amigo, siempre se puede contar con él. **e.** No lo quiero: siempre está de mal humor. **f.** ¿Todavía (ou aún) no estás listo? **g.** ¿Lo sigues queriendo? (ou ¿Aún lo quieres? Ou ¿Todavía lo quieres?)

4 **a.** No he tomado vacaciones desde hace un año. **b.** Vivo en Andalucía desde hace mucho tiempo. **c.** No he vuelto a ver el mar desde el verano pasado. **d.** No sale de casa desde hace una semana. **e.** Desde que lo conozco, siempre tiene el mismo coche. **f.** Desde ayer no para de llamarme al móvil. **g.** Está hablando por teléfono desde hace una hora.

5 **a.** Llevo una eternidad queriendo invitarte. **b.** Llevas mucho tiempo abusando de mi paciencia. **c.** ¿Cuánto tiempo lleváis esperando?

6 **a.** Lleva una temporada deprimido. **b.** Llevas una hora debajo del agua. **c.** Llevo un año casado.

7 **a.** Llevo una semana sin verla. **b.** Llevamos cinco años sin ir a España. **c.** Llevan un siglo sin saber nada de él.

8 **a.** Lleva un año sin escribirme. **b.** Llevamos diez días sin saber nada de ti. **c.** Llevo mucho tiempo sin hacer deporte.

9 **a.** Viví (ou he vivido) en Argentina hasta los 18 años. **b.** A los dos años sabía contar hasta diez. **c.** Hacia los nueve meses un bebé empieza a decir "mamá". **d.** Me gusta la música de mediados de los ochenta. **e.** Nací a finales de los años cincuenta.

12. La condition et la concession

1

	POTENTIEL	IRÉEL
a. Si era tarde, no venía a verme. ➜	●	○
b. Si me da tiempo, pasaré. ➜	●	○
c. Si fuera posible, lo haría. ➜	○	●
d. Si hacía buen tiempo, salía. ➜	●	○
e. Si lo vieras, te gustaría. ➜	○	●
f. Si pasaras, iríamos al cine. ➜	○	●

2 **a.** Si me tocara la lotería, daría la vuelta al mundo. **b.** Si no hubiera tanta gente en la playa, me bañaría. **c.** Si Pedro durmiera más, no se pondría tan nervioso. **d.** Si pensaras mejor tus palabras, no dicho eso.

3 **a.** Si me hubiera tocado la lotería, habría (ou hubiera) dado la vuelta al mundo. **b.** Si no hubiera habido tanta gente en la playa, me habría (ou hubiera) bañado. **c.** Si Pedro hubiera dormido más, no se habría (ou hubiera) puesto tan nervioso. **d.** Si hubieras pensado mejor tus palabras, no habrías (ou hubieras) dicho eso.

4 **a.** Si te esfuerzas, conseguirás lo que quieras. **b.** Si haces eso, no te vuelvo a dirigir la palabra. **c.** Te dejo las llaves del coche si eres prudente y no corres. **d.** Os propongo ir de tapas, si no estáis demasiado cansados.

5 **a.** Si te esforzaras, conseguirías lo que quisieras. **b.** Si hicieras eso, no te volvería a dirigir la palabra. **c.** Te dejaría las llaves del coche si fueras prudente y no corrieras. **d.** Os propondría ir de tapas, si no estuvierais demasiado cansados.

6 **a.** ¡Como no te calles! **b.** ¡Como no me devuelvas el libro! **c.** ¡Como sigas pidiéndome dinero! **d.** ¡Como me mintáis!

7 **a.** De conducir más despacio… **b.** Conduciendo más despacio… **c.** De poner mejores notas el maestro… **d.** Poniendo mejores notas el maestro… **e.** De elegir mi padre una carrera por mí… **f.** Eligiendo mi padre una carrera por mí…

8 **a.** Yo que tú me casaría. **b.** Yo que tu padre, te castigaría. **c.** Yo que ellos, no iría. **d.** Yo que vosotros, lo compraría.

9 **a.** Aunque llueva, iré a pasear. (la pluie n'est qu'hypothétique). **b.** Aunque llovía, iba a pasear. (il pleuvait réellement). **c.** Aunque lloviera, iríamos a pasear. (il ne pleut pas dans le moment envisagé). **d.** Aunque llueve, vamos a pasear. (il pleut réellement)

10 **a.** Por más / muchos enemigos que tenga… **b.** Por más / muchos problemas que surjan… **c.** Por más / muchas veces que lo pidas… **d.** Por más / mucho que llores… **e.** Por muy enfermo que esté… **f.** Por más / mucho que te escondas… **g.** Por más / mucho deporte que haga… **h.** Por más / mucha amistad que te tengo… **i.** Por muy valiente que parezca…

Lexique et lecture 3 : Nature et climat

1 **a.** guêpe : avispa / abeille : abeja / mouche : mosca / moustique : mosquito / papillon : mariposa. **b.** cafard : cucaracha / scorpion : alacrán / mille-pattes : ciempiés / araignée : araña / coccinelle : mariquita.

2 **a.** Cuando era niño, tenía un pez rojo. **b.** Yo, el pescado lo prefiero a la plancha. **c.** Buceando en el Caribe se ven peces de todos los colores. **d.** Las ballenas no son peces, son mamíferos. **e.** ¿Qué comemos hoy, pescado o carne? **f.** El precio del pescado no para de subir.

3 **a.** anchois (frais): boquerón. **b.** anchois (conserve): anchoa. **c.** colin : merluza. **d.** chinchard : jurel. **e.** maquereau : caballa

4 **a.** mouette : gaviota. **b.** hirondelle : golondrina. **c.** rossignol : ruiseñor. **d.** caille : codorniz. **e.** alouette : alondra.

5 **a.** lapin : conejo. **b.** loup : lobo. **c.** rat : rata. **d.** souris : ratón. **e.** sanglier : jabalí.

6 **a.** moineau, merle, perdrix : gorrión, mirlo, perdiz. **b.** âne, renard, vache : burro, zorro, vaca. **c.** morue, thon, lotte : bacalao, atún, rape.

7 **a.** Faire d'une pierre deux coups : Matar dos pájaros de un tiro. **b.** Faire un couac : Soltar un gallo. **c.** Être une Sainte-Nitouche : Ser una mosquita muerta. **d.** Être cinglé : Estar como una cabra. **e.** S'ennuyer à mourir : Aburrirse como una ostra. **f.** Avoir mauvais caractère : Tener malas pulgas. **g.** Il y a anguille sous roche : Hay gato encerrado. **h.** Buscarle tres pies al gato: Chercher midi à quatorze heures.

8 **a.** Me ha dado gato por liebre : Il m'a trompé. **b.** Es perro viejo : C'est un vieux renard. **c.** Pagar el pato : Payer les pots cassés. **d.** Arrimar el ascua a la sardina : Tirer la couverture à soi. **e.** Hacer el ganso : Faire l'idiot. **f.** Dormir la mona : Cuver une cuite. **g.** Estar en la edad del pavo: Être dans l'âge ingrat. **h.** Buscarle tres pies al gato: Chercher midi à quatorze heures.

9 Mañana día 25 de diciembre, hará **frío** en toda la península excepto en **Andalucía occidental**, con 13 **grados** de máxima en Sevilla. La **mínima** se la lleva también Andalucía con Granada, donde se registrarán valores por debajo de **cero**. Habrá **heladas** igualmente en Cáceres. El cielo estará **cubierto** en Galicia y **nuboso** en Euzkadi y **Cataluña**. Los cielos más **despejados** los encontraremos en **Extremadura** y Baleares. Se esperan fuertes **vientos** en el Norte y el Estrecho. No habrá **lluvias** pero en cambio **nevará** en el Sistema central así como en **Sierra Nevada,** la bien nombrada. De verdad, una Navidad para quedarse en casa... a no ser que vayan a celebrarla a las **Islas Canarias**: cielo **soleado** y casi **calor,** 19 grados. Como dice la canción: ¡**Tenerife** tiene seguro de sol!

13. La proposition relative

1 **a.** El hombre con quien / el que hablaba era mi profesor. **b.** Tengo unos vecinos que me invitan siempre. **c.** Hay personas que / a quienes / a las que no invitaría en la vida. **d.** Esto es lo que hay que hacer. **e.** ¿Es tu hijo aquel niño que canta? **f.** ¿Es tuyo el perro que ladra?

2 **a.** Hay una cosa que no entiendo. **b.** ¿Es tu mujer la que grita? **c.** Estos son los amigos de los que / de quienes te he hablado. **d.** No hay solución para los problemas que tienes. **e.** La gente que te quiere a veces te hace sufrir. **f.** Conoces muy bien a la persona en quien / en la que estoy pensando. **g.** ¡Son las últimas personas que / a quienes / a las que quiero ver!

3 **a.** Ignoro el punto hacia el que se dirige. **b.** Es el cuarto desde el cual se tiene la mejor vista. **c.** Es una decisión ante la cual nadie quisiera encontrarse. **d.** Las personas con las que tengo verdadera amistad son muy pocas. **e.** Son cuestiones delicadas, en las que no quiero pensar de momento. **f.** La izquierda es la mano con la que prefiero dibujar. **g.** Son libros esenciales, sin los cuales no podrás estudiar. **h.** Los motivos por los que no te quiero ver son los siguientes.

4

	OUI	NON
a. C'est une chose dont je suis sûr.	□	■
b. C'est une personne dont j'oublie toujours le prénom.	■	□
c. C'est quelqu'un dont je ne veux rien savoir.	□	■
d. C'est un résultat dont je suis satisfait.	□	■
e. C'est quelqu'un dont j'ignore l'adresse.	■	□
f. C'est un film dont il est difficile de prévoir la fin.	■	□

5 **a.** No conozco a las chicas [~~cuyas~~ / de las que / de quienes] me hablas. **b.** El equipo [~~cuyo~~ / cuyos / ~~del que~~] jugadores prefiero es el Atlético de Madrid. **c.** La casa [cuyas / ~~de las que~~ / ~~de la cual~~] ventanas están cerradas es la de mi tío. **d.** Es un trabajo [~~cuyo~~ / del que / del cual] ya estoy cansado. **e.** Es una persona [~~cuya~~ / de quien / de la cual] no puedo quejarme. **f.** No es un plato [~~cuyo~~ / del que / ~~de quien~~] soy fanático.

6 **a.** Es una historia de la que / de la cual no he oído hablar. **b.** Es una historia de la que / de la cual no sé nada. **c.** Es una historia cuyos personajes no me gustan. **d.** Es una historia cuyo fin es sorprendente.

7 **a.** Es un equipo del que / del cual varios jugadores son internacionales. **b.** Tiene tres hijas, de las que / de las cuales dos estudian en Estados Unidos. **c.** Es el artista del que / del cual es un imitador. **d.** Tengo un amigo cuyo padre es ministro. **e.** Es un profesor de quien / del que / del cual no he aprendido nada. **f.** Es alguien cuya existencia he conocido ayer.

8 **a.** Carmen, en cuyos brazos hubiera querido refugiarme, era mi gran amor. **b.** Carmen, por cuyo amor suspiraba, nunca me hizo caso. **c.** Carmen, sin cuya presencia no podía vivir, huía de mí. **d.** Carmen, con cuya prima me casé, fue la gran pasión de mi vida. **e.** Carmen, en cuyas amigas no me fijé, me hizo perder el tiempo.

14. La phrase expressive : quelques tournures

1 **a.** Cállate, que me duele la cabeza. **b.** Me voy a acostar, que me caigo de sueño. **c.** Préstame diez euros, que se me ha olvidado la cartera. **d.** No digas nada, que te he entendido. **e.** ¡Que te como! **f.** ¡Que nos caemos!

2

	PR	CS	VC
a. Ven, que te quiero decir algo.	□	□	■
b. Hay algo que no sabes.	■	□	□
c. ¿Quieres que te lo diga?	□	■	□
d. Solo te pido que no lo repitas.	□	■	□
e. Acércate que lo van a oír.	□	□	■
f. Eres la persona que más detesto.	■	□	□
g. Y ahora vete, que no te quiero ver más.	□	□	■

3 **a.** Somos nosotros quienes (ou los que) lo han hecho. **b.** ¿Eres tú quien (ou el que) se ha comido el chocolate? **c.** Soy yo quien habla primero. **d.** ¿Es eso lo que te da miedo? **e.** No es usted quien (ou el que) tiene que intervenir. **f.** Sois vosotros quienes (ou los que) lo hacen todo mal. **g.** Es esto lo que va a provocar un problema. **h.** Sois vosotros quienes (ou los que) siempre piden dinero. **i.** Son estas manzanas las que me gustan. **j.** Es esta tierra la que da la mejor fruta.

4 **a.** Es al perro al que hay que darle agua, no al gato. **b.** Es a tus padres a quienes he visto. **c.** ¿Es a Timoteo a quien has acompañado? **d.** ¿Es en mí en quien estás pensando? **e.** Es esa suma lo que (ou la que) me niego a pagar. **f.** Es con unas vacaciones con lo que estoy soñando.

5 **a.** Es por eso por lo que no quiero verlo. **b.** Es por ti por quien hago todo esto. **c.** Es con mis hijos con quienes me gusta estar. **d.** Es ante sus padres ante quienes tienen que disculparse. **e.** Es en payaso en lo que me voy a disfrazar. **f.** Es con el alcohol con lo que tienes que tener cuidado.

6 **a.** Es por amistad por lo que te ayudo. **b.** Es para darte dinero para lo que estoy aquí. **c.** Es por eso (ou por esto) por lo que te quiero. **d.** Es contigo con quien cuento. **e.** ¿Es a mamá a quien prefieres? **f.** Es con ellos con quienes me voy de vacaciones.

7 **a.** Es en ti mismo donde encontrarás la respuesta. **b.** Es estudiando como aprobarás. **c.** Es siempre al sacar la llave cuando se me cae la cartera.

8 **a.** Es para mañana para cuando lo necesito. **b.** Es aquí donde termina todo. **c.** Es por aquí por donde hay que pasar. **d.** Así es como me gustas.

9 **a.** Para ayer era para cuando lo necesitaba. **b.** De ti es de quien estoy enamorado. **c.** Ahora es cuando tengo ganas de ir a España. **d.** Así fue como terminó la película.

TABLEAU D'AUTOÉVALUATION

Bravo, vous êtes venu à bout de ce cahier ! Il est temps à présent de faire le point sur vos compétences et de comptabiliser les icônes afin de procéder à l'évaluation finale. Reportez le sous-total de chaque chapitre dans les cases ci-dessous puis additionnez-les afin d'obtenir le nombre final d'icônes dans chaque couleur. Puis découvrez vos résultats !

	🙂	😐	☹️
1. Les signes et les sons			
2. Articles, noms, adjectifs et numéraux			
Quelques clés de l'espagnol 1			
3. Présent indicatif et présent subjonctif			
4. Le gérondif et les formes progressives			
Lexique et lecture 1 : corps et sport			
5. *Ser*, *estar* et les traductions de « être »			
6. Tutoiement et vouvoiement			
Quelques clés de l'espagnol 2			
7. Conjonctions et prépositions			
8. Les semi-auxiliaires et la traduction de « devenir »			
Lexique et lecture 2 : alimentation et commerces			
9. La valeur des temps			
10. Les temps dans la phrase complexe			
Quelques clés de l'espagnol 3			
11. Exprimer le temps dans la phrase			
12. La condition et la concession			
Lexique et lecture 3 : nature et climat			
13. La proposition relative			
14. La phrase expressive : quelques tournures			
Total, tous chapitres confondus			

Vous avez obtenu une majorité de…

🙂 **¡Matrícula de honor!** Vous maîtrisez maintenant les bases de l'espagnol, vous êtes fin prêt pour passer au niveau 3 !

😐 **No está mal…** Mais vous pouvez encore progresser ! Refaites les exercices qui vous ont donné du fil à retordre en jetant un coup d'œil aux leçons !

☹️ **¡Ánimo!** Vous êtes un peu rouillé… Reprenez l'ensemble de l'ouvrage en relisant bien les leçons avant de refaire les exercices.

Conception graphique : MediaSarbacane
Exécution maquette : Julie Simoens pour Céladon éditions
Suivi éditorial : Céladon éditions

Dépôt légal : avril 2015
N° édition : 4403 - Janvier 2025
ISBN : 978-2-7005-8181-2
www.assimil.com
Imprimé en Roumanie par Master Print